Annette Pehnt
Café Augenblick

Die Autorin

Annette Pehnt schreibt für Erwachsene und Kinder. Für ihre Romane, Erzählungen und Kinderbücher erhielt sie viele Preise, u.a. den Italo-Svevo-Preis, den Hermann-Hesse-Preis und zuletzt 2017 den Kulturpreis Baden-Württemberg. Sie studierte und arbeitete in Irland, Schottland, Australien und den USA. Heute lebt sie mit ihrer Familie in Freiburg. Seit 2018 lehrt sie Kreatives Schreiben an der Universität Hildesheim. Ihre psychologischen Texte wurden bekannt durch die Kolumne »Pehnts Alltag« in der *Psychologie heute*.

Annette Pehnt

Café Augenblick

Geschichten über das Leben im Hier und Jetzt

Dieses Buch ist erhältlich als:
ISBN 978-3-407-86541-0 Print
ISBN 978-3-407-86542-7 E-Book (EPUB)

2. Auflage 2018

© 2018 im Beltz Verlag
in der Verlagsgruppe Beltz · Weinheim Basel
Werderstraße 10, 69469 Weinheim
Alle Rechte vorbehalten

Alle Texte erschienen zuerst als Kolumne »Pehnts Alltag« in der *Psychologie Heute*.

Lektorat: Petra Dorn
Einbandgestaltung/Umschlaggestaltung: www.sandraklostermeyer.de (Gestaltung), www.stephanengelke.de (Beratung)
Bildnachweis: Nemanja Glumac/Stocksy.com
Layout, Satz und Herstellung: Sonja Frank
Gesamtherstellung: Beltz Grafische Betriebe, Bad Langensalza
Printed in Germany

Weitere Informationen zu unseren Autor_innen und Titeln finden Sie unter: www.beltz.de

Inhalt

Was wäre, wenn …?

Es gibt ein Spiel, das mir meine Mutter beigebracht hat und das ich bis heute ständig spiele. Vielleicht nicht täglich, so wie früher, aber doch auf jeder Reise, bei jedem längeren Spaziergang, in jeder Fußgängerzone und im Urlaub erst recht. Es ist das Spiel »Was wäre, wenn« in der Haus-Variante, und es geht so:

Ich schlendere durch ein stilles Örtchen in den Weinbergen / an einer windzerzausten Ostseeküste entlang / durch eine ausgeblutete Industriestadt / durch Barcelona, Essen, Dublin oder Hildesheim und sehe ein Haus. Am besten ein schmales, leicht heruntergekommenes mit spitzem Dach; noch besser, wenn es offensichtlich leer steht. Die erste Spielregel ist, nicht allzu lang über Geld nachzudenken. In Gedanken kaufe ich kurzerhand das Haus, vielleicht erbe ich es auch oder gewinne es. Und da wäre ich nun, mit einer neuen Heimat an der Lübecker Bucht, am Rande der Vogesen oder mitten in Köln.

Zweite Spielregel: Natürlich würde ich niemanden kennen, ich müsste mich mühsam und abenteuerlich auf die Suche nach Menschen machen, müsste dem Gesangverein beitreten oder dem Kirchenchor, in der Volkshochschule einen Gärtnerkurs belegen oder in die spanische Konversationsgruppe eintreten, ich müsste mir eben etwas einfallen lassen. Und im Gärtnerkurs träfe ich auch gleich den Gemüsefreund, der mir vom Bauernmarkt auf dem kleinen Kirchplatz erzählen würde, wo ich dann am Bäckerstand einen Glühpunsch trinken und dabei zufällig den besten Hundetrainer des Ortes kennenlernen könnte, der nicht nur eine wunderbare Frau hätte – meine neue beste Freundin –, sondern auch einen großen, grauen Hund an seiner Seite, den er mir schenken würde, weil er eh zu viele Hunde hätte. Mit diesem Hund, hüfthoch, struppig und treu, an der Seite, ginge ich zufrieden zurück zu meinem neuen schmalen Haus am Waldrand, und ein Rauchfädchen steigt aus dem Schornstein auf, da muss jemand schon den Kamin beheizt haben, wer könnte das sein?

Das Spiel setzt mich in ganz neue Umlaufbahnen, die ich durchdenke, bis ich in einem anderen Leben gelandet bin. Ich will da eigentlich auch nicht mehr raus, eine Weile. Wenigstens den Hund und den Gemüsefreund will ich haben. Mit meiner Mutter habe ich in Gedanken viele »Was wäre, wenn«-Häuser gekauft. Jetzt, wo sie nicht mehr da ist, plane ich ihr trotzdem beim Haus-Spielen immer ein Zimmer mit.

Dritte Spielregel: Auch andere Leute dürften mit einziehen. In Gedanken funktionieren Hausgemeinschaften ja immer hervorragend. Am besten könnten wir gleich den großen Hof in der Nordbretagne beziehen, den ich neulich gesehen habe. Kohlanbau, Fischfang, eigene Bienen, Eselhaltung. Und den großen, grauen Hund könnte ich auch mitnehmen. Die Gemeinschaft wäre in liebevoller Großzügigkeit miteinander verbunden, wir könnten zusammen einen Traktor kaufen und Bretonisch lernen. Ich sehe uns schon in geringelten Fischerpullovern vor rosa Felsen für ein Gruppenfoto lächeln.

Meine Freundin schlägt mir eher urbane Szenarien vor. Wir träumen von Dachhäusern über Berlin, Wohnprojekten in Schanghai oder Hängematten in Lissabon. Aber ein Traum ist es ja nicht, mein »Was wäre, wenn«. Eher eine Art spielerische Beweglichkeit des Herzens. Ein versonnener Möglichkeitsraum. Ich führe meine Fantasie an der Leine aus wie den grauen Hund. Dachte ich jedenfalls.

Bis mich neulich ein sesshafter Gemüsefreund ernsthaft tadelte. Er lebt seit zwanzig Jahren in der gleichen Wohnung, hat einen fast genauso alten Kater und einen kleinen Garten in der Nähe. Er hat mich gefragt, wo ich zu Hause sei. Ich mache so einen heimatlosen Eindruck. Ob ich mir schon mal Gedanken gemacht habe, wo eigentlich meine Heimat sei. Meine Mitte eben.

»Na, hier«, sagte ich, ohne nachzudenken, »wieso?« Aber später fielen mir all meine Gedankenschlösser wieder ein, meine Wunschhäuser, meine anderen Leben, die Leute, die hinzugekommen waren, die mit den Ringelpullis und der Kaminheizer, die Musiker und Menschenrechtler und meine Familie, all die klugen neuen Mitbewohner meines Lebens und all die neuen Berufe, die ich in diesen anderen Häusern an erfundenen Küchentischen oder in erträumten Gegenden gelernt hatte, Angeln, Singen, Nähen, Schafehüten – vielleicht nur auf der Möglichkeitsbühne in meinem Kopf, aber immerhin. Plötzlich hatte ich das Gefühl, eine sehr weite Landschaft zu bewohnen.

Ich rief den Gemüsefreund an. »Wegen vorhin«, sagte ich, »das mit der Heimat. Die ist nicht nur hier. Sondern hier«, und ich schlug gegen meinen Kopf. Aber das konnte der Gemüsefreund am Telefon ja nicht ahnen.

»Du weißt eben nicht, was du willst«, seufzte er, »das ist dein Problem.«

Aber diesmal hatte er nicht recht. Ich weiß ja, was ich will. Alles. Und für meine Mutter ist auch noch Platz.

Die Sonne
vor meinem Fenster

～～～ Wenn die Sonne scheint, egal ob sommers oder winters, hält es mich kaum drinnen. Ich sehe von meinem Schreibtisch aus, wie sie ihr kühles Licht in die letzten Winkel unserer Straße schickt, wie Fahrradschuppen und Vorgärten, Laternenpfähle und sogar der Asphalt verheißungsvoll glänzen. Im Sommer ist es eine warme Glasur aus goldenen Strahlen, die den Paketboten und den Windhund der Nachbarin, die alte Dame am Rollator und das Schulkind mit dem hässlichen Ranzen zu leuchtenden Wesen verschönt. Unbedingt will auch ich raus – durch diese Sonne laufen, die sich auf mein zerknautschtes Gesicht legen und es glätten würde, die mir auf den verspannten Nacken scheinen und meine Nasenspitze wärmen könnte. In der Morgensonne bewege ich mich anders, flinker und gewandter, strecke meine vom Schreiben nach vorn gebogenen Schultern und weite meinen Blick. Und im Licht des späten Nachmittags kommen mir die besten Ideen. Ja, man hört es schon an meiner verliebten Sprache, ich himmele sie an, die Sonne, und da bei uns das Wetter oft sehr schön ist, sehe ich sie ständig und wünsche mich umso mehr zu ihr hin. Wenn ich viel zu tun habe, bin ich deswegen geradezu erleichtert über graue Tage.

Ähnlich wie mit der Sonne geht es mir allerdings auch mit Musik, Freunden, Spaziergängen und Büchern. Ich will nichts verpassen! Auf keinen Fall! Bei der Sonne weiß ich ja zumindest, dass sie höchstwahrscheinlich wiederkommen wird. Vieles andere verstreicht aber unwiderruflich! Und wenn ich nicht dabei bin, wird mir etwas Bedeutsames entgehen, eine Einsicht, ein tiefer Moment, ein neuer Blick, der mein Leben in ein anderes Licht tauchen könnte. Mit solchen Möglichkeiten rechne ich täglich, stündlich. Ich bin immer bereit für Wendepunkte, wunde Punkte, Tief- oder Höhepunkte, überhaupt Punkte aller Art. Aber ich muss ständig auf der Hut sein, dass sie mir nicht entgehen! Punkte sind so klein und unscheinbar, man kann sie leicht übersehen. Schon wieder war dieser tibetische Weise in der Stadt, der mit den klugen Augen, und hat vermutlich weitreichende Gedanken von tiefer Einsicht vorgetragen, die mich endgültig weitergebracht hätten – verpasst. Verpasst auch die Anmeldung zu dem Erste-Hilfe-Kurs, mit dem ich vielleicht, wer weiß das schon, Menschenleben hätte retten können, wenn es darauf ankäme. Verpasst die Abschiedsfeier eines Freundes und keine Ahnung, wann ich ihn wiedersehen werde. Verpasst: den Hund im Internet, der einen neuen Menschen gesucht hat, vielleicht mich, und vielleicht, ja ganz sicher, wäre er mein treuer Gefährte geworden, ich wäre nie wieder einsam. Verpasst: so viele Augenblicke mit den Menschen um mich, nicht rechtzeitig da gewesen zum Klaviervorspiel, zum Theaterstück, zum schwermütigen Grübeln oder tränenreichen Streit, den ich hätte schlichten können, vielleicht – ich wäre wichtig gewesen, wäre die Richtige gewesen, wie konnte ich nicht da sein!

Natürlich bin ich die Wichtigste in diesem Kosmos verpasster Momente – ohne mich geht es einfach nicht, und ohne mich ist es eben einfach nicht so schön. Wie ich auf diese haarsträubende Idee komme, ich sei unverzichtbar, habe ich gerade vergessen. Der Sonne bin ich vermutlich komplett egal. Deswegen scheint sie ja auch nicht immer nur dann, wenn ich Zeit habe, in ihr herumzuspazieren.

Jedenfalls kann ich nicht glauben, dass immer genau der Augenblick auf uns wartet, den wir brauchen. Die Menschen, die so denken, schaffen es, jeder sinnlosen Zugverspätung und jedem nervenzerrüttenden Herumhängen im Wartezimmer des Orthopäden Bedeutung abzuringen. Ihr Lebensgefühl ist vertrauensvolle Gelassenheit – wenn ich einen Weg brauche, wird sich einer auftun. Wenn ich die Abzweigung verpasse, wird es eine andere geben. Vermutlich ist genau das die Lehre, die der tibetische Weise neulich seinem Publikum ans Herz gelegt hat. Dass es unsinnig sei, den unzähligen Möglichkeiten unseres verworrenen Daseins atemlos hinterherzujagen. Aber den habe ich ja verpasst.

Ein verpasster Moment könnte sich eben in der Verkettung der Umstände zu enormen Schicksalsfügungen verklumpen. Im Rückblick kann ich das ja überprüfen. Vor ein paar Jahren zum Beispiel verpasste ich den Abend mit der Philosophin, die von ihrer neugegründeten nachhaltigen Community am See erzählte. Meine Freundin war aber dort, und schon wenige Monate später ließ sie sich zur Bootsbauerin umschulen und zog in diese Community, wo sie immer noch an den Ufern des Sees lebt, nachhaltige Boote baut und das alte, grüne Fahrrad in Ehren hält, das sie damals rechtzeitig geflickt hatte, um zu diesem weichenstellenden Abend zu radeln. Auch ich vermag dieses Spiel zu spielen: Wenn ich zum Beispiel vor 32 Jahren das wunderbare irische Konzert verpasst hätte, das mir die Tränen in die Augen und eine tiefe Sehnsucht ins Herz trieb und mich noch an dem gleichen Abend eine Bewerbung nach Belfast abschicken ließ, wäre ich dort auch nicht auf die kehligen keltischen Laute gestoßen, die mich so neugierig machten, dass ich dann Irisch studierte, und hätte ich das nicht getan, wäre ich wohl niemals in die Stadt geraten, in der ich nun schon so lange lebe, ich hätte dort keine Familie und nicht diese wunderbaren Töchter mit den irischen Namen.

Ein einziges Konzert! Wenn ich da erkältet gewesen wäre! Hätte ja sein können! Ich meine mich zu erinnern, dass mein Hals ein wenig kratzte und ich mich trotzdem aufrappelte. Was für Knotenpunkte sich in jedem Augenblick verbergen, können wir zum Glück nicht ahnen, und wer weiß, was sich ergeben hätte, wäre ich stattdessen erkältet zu Hause geblieben und hätte den Telefonanruf des Freundes bekommen, der mit mir den VW-Bus ausbauen und damit in die Ukraine reisen wollte, und wer weiß ...

Deswegen könnte ich ja eigentlich beruhigt das tun, was sowieso ansteht. Arbeiten, reisen, schreiben, lesen, lieben. Leben eben. Es wird sich schon etwas daraus ergeben. Und wenn nicht, wird sich auch aus dem Nichts etwas ergeben. Aber die Sonne dort draußen, wie sie wieder leuchtet vor meinem Fenster ...

Geschichten wie Kuchen

～～～～ Als es mich neulich mal wieder so richtig am Rücken erwischt hat, verwandelten sich meine Mitmenschen allesamt in Geschichtenerzähler. Ich dachte eigentlich, das sei mein Job, aber in Wirklichkeit sind wir alle bis unter die Schädeldecke voll mit Geschichten, die nur darauf warten, hervorzubrechen. Zu Schicksalsschlägen jeglicher Art hat jeder etwas zu sagen. Man braucht ja nur einen ersten Satz, den uns das Leben jederzeit in die Hände spielt: »Als ich damals die Prüfung vermasselt habe …«, »In dem heißen Sommer, als die alten Bäume im Park vertrocknet sind …«, »Mein erster Freund hat mich ja auch sitzen lassen …«. Und natürlich die großen Erzählgeneratoren Liebe, Tod und Krankheit.

Meine Krankheit war lästig und schmerzhaft, aber nicht sehr schlimm. Umso mehr lud sie ein zu unzähligen Geschichten. Ich bekam erzählt, welche historischen Persönlichkeiten krumm, bucklig oder behindert waren, wann und von wem das Korsett erfunden wurde, welche Hausmittel die Großmutter bevorzugte. Ich hörte von Zusammenbrüchen auf der Indienreise oder der Bretagnetour, bei der Trauung und vor der Klasse, auf der Bühne und beim Zähneputzen. Therapievorschläge wurden in all diese farbenfrohen Geschichten gern eingearbeitet: heiße Rolle oder kaltes Wasser, warme Umschläge oder Strombehandlungen, Yogaübungen, Massagen, Drogen und immer wieder viel Liebe.

Überhaupt war das eigentlich der Unterton fast aller Geschichten: Sie verliehen meiner Krankheit einen weiteren, höheren oder tieferen Sinn. Einfach nur krank sein: undenkbar. Irgendwas musste ich doch getan haben, dass es mich nun gerade traf! Nicht im Sinne von Schuld natürlich. Aber doch im Sinne einer Passung. Der Bandscheibenvorfall und ich, wir mussten doch irgendwie zusammenpassen. Die Geschichten hätten alle letztendlich den gleichen Titel tragen können: »Was die Bandscheiben mit deinem eigenen Leben zu tun haben« – nämlich verdammt viel.

Ich weiß ja schon von Berufs wegen, dass es ohne Geschichten nicht geht, weil sie Sinn anbieten. Aber die Angebote, die mir die Erzähler um mich herum ständig unter die Nase hielten, widerstrebten mir. Ich hätte den Rücken zu krumm gemacht, hätte zu wenig Rückgrat oder zu viel geschultert, mir sitze da so einiges im Nacken, ich habe den Kopf zu voll oder halte ihn zu oft hin. Unsere Sprache ist reich an Körperbildern, die ich selbst gern verwende. Aber in meinem Fall war es eben nicht so einfach!

Ob ich denn nicht froh sei, wollte der Krankenbesuch wissen, dass mein Körper mal ein Signal setze. Jetzt müsse ich nur noch innehalten und auf ihn hören.

»Was sagt er mir denn?«, fragte ich patzig. Was meint er mit diesem glühenden Brennen, diesem lähmenden Ziehen? Warum will er noch mal, dass ich hier liege und noch nicht mal den Kopf heben kann, ohne zu jaulen?

Das, sagte der Krankenbesuch, sei ja eben die Aufgabe. Das müsse ich herausfinden, denn ich sei ja die beste Zuhörerin meines Körpers. Und bevor ich wütend werden konnte, drückte der Besuch mich in die Kissen und reichte mir einen Ingwersmoothie. Ich dachte, der hilft vor allem gegen Grippe.

Ich verweigerte mich also. Störrisch wehrte ich alle Versuche ab, mich zu meinem kranken Körper auf die Couch legen zu lassen. Auch das entging dem Krankenbesuch nicht. »Du streitest es ab«, sagte er aufreizend langsam, als mache er sich Notizen. »Das ist natürlich auch eine Möglichkeit, wenn du dich nicht mit deinem Leben auseinandersetzen möchtest.« Aha! Schon hatte er mir eine doppelte Mittäterschaft aufgebrummt. Nichts ist heutzutage schlimmer, als sich nicht mit sich auseinanderzusetzen. Und bestreiten kann man es auch nicht, sonst gerät man in eine Endlosschleife.

Kühl blickte mich der Krankenbesuch an und wartete, ob ich mich eines Besseren besinnen würde.

»Nein«, rief ich hilflos, »ich setze mich doch ständig mit allem auseinander, auch mit mir selbst!« Aber so einfach ist das nicht.

»Doch«, nickte der Krankenbesuch weise, »manchmal ist es ganz einfach. Sagst du nicht selbst oft, die einfachen Geschichten seien die wahren?«

Darüber musste ich nachdenken. Und weil es Kranken gestattet ist, sich vom Besuch wegzurollen und die Augen zu schließen, tat ich das. Während ich hörte, wie der Krankenbesuch aufstand, das Fenster öffnete und an meinem Bücherregal entlangschritt, überlegte ich, ob einfache Geschichten wahrer sind als schwierige. Und ob ich es aushalten würde, einfach nur krank oder verliebt oder arbeitslos oder sonst irgendetwas zu sein, ohne diese Erfahrungen in eine erzählbare Kuchenform zu füllen. Und von diesem Kuchen können dann alle kosten. Also nähre ich mit meinen Storys sogar meine Umgebung. Und Kuchen sind eben etwas Einfaches, dachte ich und öffnete zufrieden meine Augen, weil ich einen nahrhaften Gedanken zu Ende gedacht hatte, und das in meinem Zustand.

»Ja«, sagte ich so laut, dass der Krankenbesuch, der sinnierend am Fenster stand und vermutlich über die gleiche Frage nachgedacht hatte, heftig zusammenzuckte. »Ja, genau, Geschichten sind wie Kuchen.« Der Krankenbesuch musterte mich ernst, als wolle er prüfen, ob ich noch bei Trost bin. »Kuchen?«, fragte er.

»Ich meine, ich hätte gern ein Stück Kuchen«, sagte ich, und endlich hatte er eine sinnvolle Aufgabe, er lief schnell zur Bäckerei gegenüber, holte uns Kuchen, und während er mich damit fütterte, obwohl ich natürlich auch allein essen konnte, erzählte er mir noch ein paar Geschichten. Vom Weihnachtsgebäck der Tante, vom angebrannten Osterbraten, von seinem ersten Abendmahl und von der Übelkeit nach einer verdorbenen Thunfischpizza.

»Was du für Geschichten kennst«, murmelte ich und rollte mich vorsichtig zusammen unter der warmen Decke unseres Erzählens.

Das Glück des Reparierens

Neulich war ich in einer Ausstellung, in der es eine Reparaturecke gab. Dort saßen zwei junge Bastler, die der Künstler vermutlich angeheuert hatte, mit Nadel und Faden, Drahtrollen, Heftpflastern, Stoffresten und Kleber. Man konnte ihnen kaputte Dinge in die Hand drücken, und sie würden dann probieren, die Sachen wieder heil zu machen. Zuerst war ich belustigt und fragte mich, wer denn wohl im Museum zufällig beschädigtes Eigentum bei sich führe und ob das alles inszeniert sei. Ich hing eine Weile in der Nähe herum und wartete, ob jemand käme. Niemand außer mir schien die Reparaturecke zu bemerken. Konzentriert beugten sich die Bastler über irgendwelche Fetzen, an denen sie herumstickten, und sahen sehr beschäftigt aus, aber als endlich doch eine ältere Dame zu ihnen hinüberschlenderte, hoben sie erwartungsvoll die Köpfe. Die Dame zeigte ihnen den ausgefransten Saum ihres Täschchens. Die Bastler, ein Junge und ein Mädchen, nickten konzentriert, nahmen das Täschchen vorsichtig entgegen und fuhren mit den Fingerspitzen über die schadhafte Naht. Dann richtete der eine sein Nähzeug, die andere suchte das passende

Garn. Die Reparatur konnte beginnen. Die Dame ging währenddessen ein wenig im Raum herum und schaute immer wieder lächelnd auf die beiden Reparierer. Auch ich lächelte breit, weil es ein schöner, tröstlicher Anblick war: die beiden, schweigend bei der Arbeit, die Tasche, die mit wenigen Handgriffen wieder heil wurde, und die Dame, die sich freute, dass ihr hier im Museum ganz unerwartet etwas abgenommen wurde, das sie schon lange hinausgeschoben hatte, eine Kleinigkeit, vielleicht nicht wichtig, aber auch nicht ganz unwichtig.

Mir fiel ein, wie ich als Kind nicht ertragen konnte, wenn ein Plüschtier kaputtging. In meinen Augen war der Panther, der sein Auge verloren hatte, erblindet, und das Zebra mit dem Knickohr hörte nichts mehr, und der schlaksige Hase, der irgendwann sein linkes Bein verlor, konnte nicht mehr rennen. Ich versuchte zu reparieren, aber die Nadel wollte sich nicht recht durch den harten Plüschstoff treiben lassen, das Auge war verlorengegangen, und das Bein ließ sich nicht wieder annähen. Wenn ich nicht mehr weiterwusste und Glück hatte, kam meine alte Großtante zu Besuch, die alles heilte. Sie setzte sich eine riesige Brille auf, schleckte am Zwirn, ich musste ihn für sie einfädeln, und dann lehnte ich mich an sie und schaute ihr zu, wie sie mit geduldigen, festen kleinen Stichen alles wieder dort festnähte, wo es hingehörte. Während die anderen Erwachsenen plauderten, beugte sie sich versunken über ihre Arbeit. Dann setzte sie das fertige Tier auf den Tisch, strich ihm kurz über den Kopf, als sei es ein Kind, und murmelte: »So, jetzt kannst du wieder los.« Ich schenkte ihr dünnen Filterkaffee nach, den mochte sie am liebsten, und sie flickte auch noch meine Socken, mit einem schönen marmorierten Stopfei, das sie unter das Loch schob, und klebte abgebrochene Henkel mit Blitzkleber wieder fest. Den durfte ich nicht benutzen, weil sonst meine Finger auf ewig verkleben könnten. Wenn sie dann ihre Brille abnahm und sich umschaute, als habe sie die Zeit vergessen, war die Welt etwas heiler geworden.

Während ich noch an die Großtante dachte, die schon lange gestorben ist und zuletzt nicht mehr nähte, weil ihre Finger so zitterten, hatte die Dame sich zufrieden die geflickte Tasche umgehängt, und schon kam der Nächste in die Reparaturecke, ein Mann, dem sein Schnürsenkel gerissen war. Damit konnten die beiden Reparierer nicht dienen, aber sie probierten verschiedene Schnüre und Bänder, und schließlich fädelten sie dem Mann ein hübsches Lederbändchen ein. Er strahlte, als habe er neue Schuhe an den Füßen, und machte auf dem glatten Marmorboden ein paar ausgelassene Tanzschritte.

Natürlich habe ich auch schon oft Dinge repariert, und manchmal war es ganz einfach: ein Tropfen Öl ins verrostete Fahrradschloss, etwas Holzleim an den locker gewordenen Flügel des Weihnachtsengels, einen Buchrücken geklebt oder einen Fahrradschlauch geflickt. Die Befriedigung geht jedes Mal weit über den Objektwert hinaus. Es ist nicht nur der gerettete Socken, der mich so von Herzen freut. Dahinter verbirgt sich mehr, eine Art Triumph, der ständigen Verlustgefahr etwas entgegenzusetzen, mit den eigenen Händen ein wenig Haltbarkeit zu schaffen – einmal die Oberhand zu behalten im ständigen Ringen mit den Widrigkeiten des Alltags.

Auch hier im Museum sah ich, wie glücklich das Reparieren die Leute machte. Die Ecke füllte sich nach und nach mit Bedürftigen, die alle etwas zu reparieren hatten. Vielleicht war es ja auch der unverhoffte Beistand, der sie so beglückte. Die Erleichterung, sich einmal nicht selbst mit Verschleiß und Verlust herumschlagen zu müssen – es gab Zuständige, und sie taten es gern und machten es gut. Ihre Geduld war mit Geld nicht aufzuwiegen; so muss es sein, dachte ich, fürs Heilmachen kann es keinen Stundenlohn geben. Für jede Anfrage schienen sie das passende Material zu haben. All die Fetzchen, Drähte, Farbreste und Schräubchen, die sich zu Hause am Boden meiner Küchenschublade oder auf Kellerregalen zusammenrotteten, fanden hier zu wunderbarer neuer Verwendung. Nichts zu früh aussortieren, dachte ich, abwarten, geduldig bleiben, bis alles seinen Platz findet – ja, das wäre gut.

»Warum sind die im Museum?«, hörte ich ein Kind seinen Vater fragen, der den beiden Bastlern tatsächlich einen löchrigen Kuscheltiger hinüberschob, »ist das Kunst?«

»Na, wenn die deinen alten Tiger reparieren können, ist das eine hohe Kunst!«, sagte der Vater ernsthaft. Ich hatte auf einmal Lust, mich selbst in die Hände dieser Bastler zu geben. Es gibt so viel an mir, das repariert werden müsste. Sie würden sich meiner annehmen, mit flinken, kühlen Fingern. Und danach wäre ich heil. Aber jetzt war ja erst mal der Tiger dran.

Die Welt hat sich geschüttelt

〜〜〜〜 Es gibt Stunden, da schüttelt sich die Welt wie ein nasser Hund, und ich sehe sie ganz frisch gewaschen. Vermutlich liegt das nicht an der Welt, sondern an mir. Meine Aufmerksamkeit ist dann schärfer als sonst, so als hätte ich eine neue Brille mit besserer Sehstärke aufgesetzt. Ich gehe die Straße entlang, und meine Augen schwirren hin und her – hier die abenteuerliche Maserung eines Betonpfeilers, dort das leuchtende Purpur eines weggeworfenen Handzettels. Schritte, der Glanz einer Pfütze, Schuhe, die Bewegung eines Schals, Blicke; und alles hineingewoben in die graue Luft eines ganz normalen Tages. Ich lege die Hand auf ein bronzenes Ärzteschild, streife eine Ziegelmauer mit angenehm sandiger Oberfläche, höre das saftige Schnurren einer alten Vespa.

So viel ist um mich herum, dass ich beinahe stehen bleibe. Ich könnte es aufschreiben, aber dazu habe ich keine Lust, der Stift ist zu langsam, ich würde zu viel verpassen.

Eine Weile gehe ich so. Diese schweifende Spannung, dieses gelassene Vibrieren im Augenblick werde ich nicht lange halten können. Schon flackert eine leichte Ermüdung mir durch das Blickfeld. Und als mir dann jemand einen Reklamewisch für eine Parfümerie hinhält, entgleitet es mir, und alles fällt zurück in seine unauffällige Alltäglichkeit, der Betonpfeiler ist eben grau, viele Leute tragen Schals, und der Tag ist für die Jahreszeit zu kühl.

Diesen frischen Blick könnte ich viel öfter erleben, erklärt mir meine Freundin Ani, dafür gebe es jetzt Kurse. Sie hat welche gemacht, Achtsamkeit 1 und Achtsamkeit für Fortgeschrittene, um ihre Sinne zu schulen und ihre Präsenz auszubilden. Ich fand sie auch vorher schon extrem präsent. Sie schaut mir tief in die Augen, bis ich unruhig werde, und sie wiederholt alles, was ich sage, mit eigenen Worten, bevor sie mir antwortet. Unsere Gespräche dauern deswegen meistens sehr lange. Ani hieß früher anders, aber sie hat sich einen neuen Namen gegeben, einfach so. Und vor allem hat sie, ohne sonst sehr viel in ihrem Leben zu ändern, eine ganz neue Art gefunden, durch die Welt zu gehen. Sagt sie. Allein schon deswegen, weil sie die Füße nun beim Gehen bewusst abrollt, statt einfach nur herumzulatschen.

Sie übt mit mir.

Wir schälen eine Mandarine, und ich muss mir ein Stück langsam zwischen die Lippen schieben. Ich soll darauf achten, wie die Mandarinenhaut über die Lippen gleitet, wie der Saft zwischen die Zähne spritzt, wie sich das Fruchtfleisch im Mund verteilt. Ani stellt mich auf Zeitlupe. Ich drehe den Mandarinenschnitz zwischen den Fingern. Ein leichter Ekel macht sich in mir breit, auf einmal mag ich diese Mandarine nicht mehr sonderlich, ihr intensiver Duft erscheint mir wie ein Angriff.

»Gut«, sagt Ani, »wir probieren etwas anderes.« Ich soll mich einige Sekunden lang auf ein Ding im Zimmer konzentrieren, dann auf das nächste, wach von Teetasse zu Brille zu Zeitung gleiten, ohne abzuschweifen. Das geht besser, aber es strengt an. »Ist mir zu aufwendig«, sage ich zu Ani, »ich meine, woanders herrscht Krieg, und wir starren in der Küche umher.« Ani schüttelt den Kopf: Ich habe es nicht verstanden, und wenn ich so denke, kann ich es auch lassen, und mit dem Schreiben kann ich dann übrigens sowieso gleich aufhören. Da hat sie recht.

Ich will sie eben geschenkt bekommen, die aufmerksamen Stunden. Ich will von ihnen überfallen werden. Ich will sie nicht buchen und trainieren, sondern sie in den Schoß oder an den Kopf geworfen bekommen – ohne Vorleistung, ohne Anlauf.

So wie neulich, als ich bei der Mitgliederjahresvollversammlung des Hundesportvereins saß. Wir tagten in einem Gasthaus, um uns herum wurde gefeiert und laut gelacht, wir arbeiteten uns durch die Tagesordnung. Ich war etwas in mich zusammengesackt, der Kuli war mir aus den Fingern geglitten, eine leicht gelangweilte Trägheit breitete sich am Tisch aus. Sogar die Vereinsvorsitzende gähnte verhalten. Da passierte es wieder, einfach so. Auf einmal sah ich an ihrer Hand einen goldenen Ring blitzen, und die Tischplatte vor mir war von einem sattlackierten Bernsteinblond. Um uns herum in der Gaststube tanzten die Stimmen der Gäste durcheinander, ein Auf und Ab menschlicher Regungen. In den Gläsern schäumte und glitzerte es, ich sah jedes kleine Bläschen und jeden Spritzer ganz genau. Und zu unseren

Füßen spürte ich plötzlich die Wärme all der geduldig wartenden Hundekörper. Begeistert hob ich den Kopf. Am liebsten hätte ich Ani angerufen und ihr von der Schönheit dieser großen Komposition erzählt, aber Telefonieren ist sicher das Gegenteil von Achtsamkeit. Da begegnete die Vereinsvorsitzende, die aufgehört hatte zu gähnen und fragend die Augenbrauen hob, meinem freudigen Blick. Gleich nickte sie mir anerkennend zu.

»Ach, schön, dass Sie diese Aufgabe übernehmen wollen!« Ich wehrte mich vergeblich und wurde zum Kassenwart für die ganze nächste Saison bestimmt. Gerade noch hatte die Welt sich einmal kurz geschüttelt – nun lag sie wieder da wie immer. Und roch ein bisschen nach nassem Hund.

Übergänge

Im Herbst war ich auf einer Nordseeinsel, um zu schreiben. Aber eigentlich hätte ich malen wollen. Die Landschaften, von denen ich dort umgeben war, sind nämlich kaum zu beschreiben. Vielleicht weil sie aus Farben bestehen, die man immer wieder neu mischen müsste. Eigentlich ging ich einfach nur am Strand entlang und schaute aufs Meer. Aber so klar, wie das klingt, war es nicht. Der trockene Sand in den Dünen ging über in festeren, feuchten Boden, auf dem die Schuhe nicht einsanken; zwischen den dichten gewellten Strukturen stand brackiges Meerwasser, das hier und da ins Fließen geriet. Und auch der Sand begann zu fließen: feucht schimmernde Flächen, Tangfetzen, Muscheln am Flutsaum wie hingestreut. Wo das Meer anfing und wo der Strand aufhörte, konnte ich nicht erkennen. Sand und Wasser lösten sich ineinander auf, überlagerten sich. Flache Wellenausläufer, Priele – und der Horizont war eine verlaufene Linie zwischen Wasser und Meer.

Wie ich diese Farben wohl nennen könnte? Wassergrauhell vielleicht. Verwaschenes Himmelweiß. Blasses Nebelblau und Muschelfahl. Aber das sind nur hilflose Versuche. Stattdessen wünschte ich mir dort einen Aquarellblock, einen dicken Pinsel und sehr viel Talent. Denn vielleicht käme ich mit Farben weiter als mit der Sprache. Weil die Wörter eben genau bei der einen Farbe aufhören und bei der nächsten anfangen. Und weil wir in Begriffen denken, die das eine sind und nicht das andere. Meer ist Meer, und Himmel ist Himmel. Aber wie kann ich die Übergänge beschreiben? Die Zustände, wenn es keine klaren Linien gibt, sondern Farbfelder, die sich ineinander auflösen, Wassernebelwolken?

Die Insel ist eine Studie in Übergängen. Phasen, die nicht leicht zu fassen sind und sich immer wieder entziehen. Auch meine eigene Geschichte erzähle ich mir lieber geordnet und schrittweise. Kindheit, Jugend, Erwachsensein. Die Zeit des Studiums, die Zeit der Familie, die Zeit danach. Aber wie kann ich die Übergänge verstehen, wo sich das eine auflöst und das andere schon kaum merklich beginnt? Oder ist sowieso immer alles im Übergang, nur scheinbar geordnet durch die Raster unserer Geschichten?

Zwei Menschen verbringen die Jahre miteinander, sie werden sich fremd, sie vergessen, sich zu berühren. Sie sitzen nebeneinander im Auto, beide schauen geradeaus. Im Café schweigen sie, während ihre Blicke hin und her eilen und sie sich die Münder mit der Serviette abtupfen. Abends schließt der eine ab, obwohl die andere noch nicht daheim ist. Sie warten vergeblich, streiten sich, verlieren sich aus den Augen – wann fing es an, wann hört es auf? Du hörst nicht mit der einen Liebe auf, um einen anderen zu lieben. Alles hat immer schon angefangen. Verluste sind kompliziert, verzweigt. Unscharf.

Oder wenn die Kinder groß werden: In ihren Gesichtern noch die rotbackigen Mädchen von damals und zugleich die jungen Frauen, die sie sein werden, in ihren Körpern die weiche Selbstverständlichkeit der Kindheit und eine präzise Eleganz, die mit den Gummistiefeln und Inlineskatern der letzten Jahre nichts mehr zu tun hat. Übergänge in jeder Bewegung, in jedem Lachen.

Das Neue, das sich ankündigt, fädelt sich zunächst kaum merklich und unscheinbar, dann irgendwann unübersehbar in die alten Strukturen. Dafür gibt es die Wendung »in etwas hineinrutschen«, was mich an einen dummen Ausrutscher denken lässt. Viel schöner ist »hineinwachsen«.

Meine Freundin zum Beispiel fing irgendwann an, nach der Arbeit Theaterworkshops zu belegen. Ein Schnupperwochenende, ein Semesterkurs, bald schon eine feste Gruppe. Sie ist talentiert, es machte Freude, sie experimentierte, und irgendwann gehörte das Theater in ihr Leben. Inzwischen arbeitet sie nur noch gelegentlich in ihrem Brotberuf; wenn ich sie frage, wie sie sich inzwischen sehe und wofür ihr Herz wirklich schlage, lacht sie. Sie weiß es nicht mehr – das eine nicht mehr ganz und das andere nur zum Teil. Ein Übergang, der sich ja gar nicht auflösen muss; vielleicht ist die Vielfalt, die sich in den Himmelmeeresfarben der Insel und den unklaren Verläufen unserer Leben abbildet, ein freierer Zustand und muss gar nicht in Schubladen sortiert werden.

Trotzdem suche ich in meiner eigenen Geschichte immer noch nach Kapitelüberschriften. Und wenn das eine Kapitel abgeschlossen ist, möchte ich eine neue Seite aufschlagen.

Es gab Zeiten, da habe ich es erzwungen. Das Neue sollte kommen: von einer Stadt in die andere ziehen. Einen Abschied aushalten. Ein Kind bekommen. Ein neues Buch anfangen. Keine Zeit für Übergänge, keine Geduld, um abzuwarten, bis sich eine andere Richtung abzeichnet. Und manchmal ist das auch genau richtig, der Sprung in eine frische Zeit. Man wischt alles weg, schüttelt sich einmal kurz und beginnt mit einem neuen Kapitel.

Wie meine Hündin: Sie kennt keine Übergänge. Entweder sie schläft, sie frisst, oder sie rennt. Niemals würde sie zaudern oder abwarten. Innerhalb eines Sekundenbruchteils kann sie von dem einen Zustand in den anderen geraten. Gerade noch liegt sie unter der Bank, erschöpft von einem langen Gang, die Augen halb geschlossen; da dreht der Wind, etwas gerät ihr in die Nase, sie reißt den Kopf hoch, springt auf und ist schon auf und davon. Es muss damit zu tun haben, dass Tiere sich ihr Leben nicht erzählen, sondern es einfach leben.

Aber wir, die unverbesserlichen Geschichtenerzähler unserer Biografien, brauchen Zeit, um die Seiten umzuwenden. Um zu zögern, zurückzublättern, uns das nächste Kapitel auszumalen. Ich brauche die Zeit zwischen den Jahren, die Rautage, wenn Weihnachten geschafft ist, die Plätzchen gegessen und die Vorsätze für das neue Jahr noch nicht gefasst sind. Ich brauche die unentschlossene Stunde im Café, das Sinnieren und die langen Abschiede am Bahnhof, wenn sich keiner trennen kann und sich alle wieder und wieder umarmen, auch wenn schon alles gesagt ist. Und ich brauche die Tage auf der Insel, in denen ich aus der Zeit falle – Zwischenzeiten, nebelblau und muschelfahl.

Über Empathie

Neulich erwischte ich ein kleines Nachbars-mädchen dabei, wie es auf der Wiese zwischen den Häusern einen Käfer in den Boden trat. Ich sah nur, wie sie wild auf das Gras stampfte, auf und ab sprang und immer wieder den Gummistiefel in die Erde bohrte.

»Na, probierst du einen neuen Tanz aus?«, fragte ich sie.

»Nee, ich mache den ekligen Käfer tot«, erklärte sie atemlos, hielt inne und zeigte mir die zermalmten Reste eines zerborstenen Hirschkäfers zwischen den Grashalmen. »Guck, der ist schon fast weg.« Stolz schaute sie zu mir hoch und setzte dann ungerührt ihren Totentanz fort.

Ich bin kein Freund großer Insekten und ein echter Fan dieses pfiffigen Nachbarkindes. Aber der zertretene Körper auf der Erde rührte mich doch, und auf einmal empfand ich eine heftige Abneigung gegenüber dieser unbändigen Zerstörungswut. Warum ließ das Kind nicht ab? Woher kam der Stolz? Sie fühlt sich mächtig, überlegte ich, vielleicht zum ersten Mal erlebt sie Macht über ein anderes Lebewesen, und wenn es auch nur ein kleiner Hirschkäfer ist.

»Hör mal«, versuchte ich es, »der tut dir doch gar nichts.« »Doch, die stechen und beißen«, schnaufte das Kind.

»Aber der ist doch schon tot, jetzt lass ihn mal«, rief ich, nun wollte ich unbedingt die kleine Furie bremsen, sie sollte aufhören mit diesem grausamen Gehopse, und es lag an mir, ihr Respekt vor dem Lebendigen beizubringen. Ich griff ihren Arm, aber sie schüttelte mich ab und blies sich eine Haarsträhne aus dem erhitzten Gesicht. Also blieb ich stehen, bis sie von allein aufhörte und sich noch einmal über den durchgepflügten Boden beugte. Wenigstens war der Käfer nun in der Erde verschwunden, und etwas enttäuscht sagte sie: »Jetzt ist er ganz sicher tot.«

»Wir sollten ihn beerdigen«, schlug ich vor, »Käfer sind doch auch Tiere, wir könnten ihm ein Grab machen.«

Aber da hatte sie schon schlagartig das Interesse verloren. Sie zuckte mit den Achseln: »Ich geh dann mal!« Und rannte davon, ohne sich noch einmal umzusehen.

Ich weiß, Kinder zerlegen Käfer und Spinnen, und Erwachsene zerlegen sich gegenseitig. Trotzdem will ich glauben, dass Mitgefühl möglich ist. Nur verteilen wir es wild und ungerecht, spenden hier und zerstören dort, streicheln im Kleinen und beuten im großen Stil aus. Das Kind hat mich wieder einmal an die Willkür von Mitgefühl erinnert. Die einen bekommen es, die anderen nicht. Niemals hätte es ein weiches schwarz-weiß geflecktes Häschen um die Ecke gebracht. Der Käfer hatte das Pech, keine Streichelqualitäten aufzuweisen, keine glänzenden Augen oder kein zuckendes Näschen zu haben und auch ansonsten unansehnlich und wenig liebenswert daherzukommen. Das Kind ließ sich nicht von ihm rühren.

Ist es vielleicht in seiner moralischen Entwicklung noch nicht so weit? Oder geht es ihm genauso wie uns, wenn wir

Kalbsschnitzel essen, aber niemals einem Kalb das Messer in die Brust rammen würden, weil seine feuchte Schnauze uns rührt? Brauchen wir Rührung, um Empathie zu entwickeln?

Empathie ist eines dieser Wörter, die mich seit einigen Jahren regelrecht verfolgen. Ein Wort wie eine Prüfung, die man unbedingt bestehen muss, es gibt gar keine Alternative: Niemand will herzlos sein, und Empathie ist eine hoch geschätzte, überaus stabile Währung, auch mir ein kostbares Gut. Nur wird die Kunst, zu fühlen, was ein anderer fühlt, oft beschworen und selten ausgeübt, viel seltener, als wir es gerne hätten.

Ich erinnere mich an extrem anstrengende Zeiten mit kranken Kleinkindern, Abgabeterminen und Bandscheibenvorfällen. Ich lechzte nach Anteilnahme. Doch niemand, so war damals mein Befund, ging mit mir durch die Hölle. Es gab zum Glück immer wohlmeinende Zuhörer, aber sie hatten keine Ahnung, wie es mir ging. Als sie dann selbst so weit waren (Wasserschaden am Dach, Schulden, Kleinkinder mit Skoliose und Mittelohrentzündung), war der Ball bei mir – konnte ich empathisch reagieren? Spürte ich Resonanz in mir? Fühlte ich, was sie fühlten? Ehrlich gesagt war einer meiner ersten Gedanken: Nun wissen sie endlich, was ich durchgemacht habe. Aber sie wussten es nicht! Sie steckten zu sehr in der eigenen Misere, um mir rückblickend und zeitversetzt Empathie zurückzuzahlen. Das Konto war also unausgeglichen. Wie meistens.

Nun wird ja gerade von der Literatur erwartet, sie schule die Empathie. Auch wenn man sonst nicht so recht weiß, was man mit ihr anfangen soll – dafür muss sie herhalten. Fremdverstehen, Perspektivwechsel, Empathie. Und ich glaube fest daran, dass Geschichten genau dies schaffen. Sie locken mich in andere Köpfe, Länder, seelische Zustände, sie lassen mich Figuren lieben, die ich außerhalb der Literatur niemals auch nur aus der Ferne sehen würde, sie nehmen mich mit in Abgründe und schießen mich in ekstatische Höhen. Beim Lesen koste ich Gefühle aus, die ich nie in mir vermutet hätte. Und beim Schreiben erst recht.

Also setze ich mich hin und schreibe für das Nachbarskind eine Geschichte. Gar nicht lang. Aber sehr rührend. Eine kleine Schule der Empathie! Es geht natürlich um einen schwarzbraunen, vom Aussterben bedrohten Hirschkäfer, der auf der Wiese sein Glück sucht. Er hat einen harten Panzer, ein spitzes Geweih und krabblige Beine, mit denen er alle möglichen Hindernisse überwinden muss. Und am Ende trifft er mitten auf der Wiese ein Mädchen, das ihn auf die Hand nimmt und sich gleich mit ihm anfreundet. Er verspricht, sie niemals in den Finger zu beißen, und sie will für immer auf ihn aufpassen. Sie helfen sich, groß und klein, weich und hart, und sind ein Leben lang die besten Kumpels.

Gerührt klingele ich mit der frisch ausgedruckten Geschichte bei den Nachbarn, die mir gleich einen Tee kochen und das Sofa frei räumen, damit ich dem Kind dort in Ruhe die Geschichte vorlesen kann. Wir lesen, sie lehnt sich an mich, ich komme zum Ende. »Und wie findest du die Geschichte?«, frage ich. »Toll!« Sie strahlt. »Und der Hirschkäfer?« »Der war auch toll! Viel süßer als der von gestern. Der war eklig.«

Über rosa Brillen

Urlaub auf der heißen Insel. Hier war ich schon einmal, vor vielen Jahren, in beklommener Lage. Damals bedrängte mich alles. Der Billigflug zerstörte meine Öko-bilanz und versetzte mich in Flugangst, die Hitze brannte in den Augen, das Meer war so salzig, dass mir die Haare strohig zu Berge standen. Klobige Ferienarchitektur stand sinnlos herum und versperrte den Ausblick, Einheimische schienen sich für immer vom Acker gemacht zu haben, und auf dem Marktplatz zerrten streunende Hunde am Müll der Touristen. Die Urlauber glänzten vor Sonnenbrand und schoben sich lärmend durch die überdekorierten Gassen, und die Kakteen, die überall wuchsen, hielt ich für Attrappen. Auch meine eigenen Miturlauber waren unruhig und schliefen schlecht, beschwerten sich über Sand im Bett und die kümmerliche Auswahl an Postkarten. Kurz: Die ganze Insel schrie vor Künstlichkeit, die misslungene Kulisse einer sinnfreien Spaßgesellschaft, und die Menschen, so sah ich es damals, taumelten rastlos durch die Untiefen ihrer Verloren-heit. Ich natürlich mittendrin und zugleich dem Rest der Insel meilenweit überlegen durch meine mutigen Blicke hinter die Fassade der Urlaubsfreuden.

Ich weiß nicht, warum ich überhaupt noch einmal hingeflogen bin. Es hat sich ergeben. Und ich hätte schwören können, ich wäre noch nie hier gewesen. Die Insel blitzte im klaren Sommerlicht. Der salzige Wind lockte mein Haar, und nicht nur ich wurde schöner. Auch die anderen Urlauber, nicht alle gleichermaßen beschenkt mit windschnittigen Körpern, hielten graziös ihre Gesichter in die Sonne und saßen zufrieden auf der Hafenmauer, die Sonnenbrillen ins Haar geschoben, manche zärtlich verliebt. Es rührte mich, und die Insel schien es möglich zu machen. Mein eigenes kleines Urlaubsrudel vibrierte vor Unternehmungslust und Frohsinn. Natürlich blieb ich wachsam. Pauschal buchbares Glück hat mir noch nie wirklich eingeleuchtet. Aber was ich diesmal sah, stimmte mich gnädig, gnädig mit mir selbst und mit den sorgfältig geölten Schultern der alten Damen und den schwarzlackierten Zehennägeln der Strandnixen, mit den ungelenken Kopfsprüngen und den kunstvoll gefalteten Frühstücksservietten – eben mit den Versuchen, etwas glücklicher und ruhiger zu sein als sonst, wenigstens einmal im Jahr. Und wenn wir dafür künstliche Palmen und heißen Wind brauchen, dann sei es drum.

Aber warum war die Insel und mit ihr die Gäste schöner geworden? Eigentlich hatte sich doch kaum etwas verändert. Gut, man hatte den vergammelten Badesteg repariert und die Nachtscheinwerfer der Dorfdisco verboten, weise Entscheidungen. Ansonsten: alles ziemlich beim Alten. Und ich selbst war älter und wohl kaum schöner als damals. Wer tauscht den Filter aus, der sich vor meine Wirklichkeit schiebt? Wer setzt mir die rosa Brille auf, oder anders gefragt, wer nimmt mir die dunkle Brille ab? Und welche Brille ist wahrhaftiger?

Natürlich konnte ich mir das alles erklären und zurechtlegen, viel hatte sich seit meinem letzten Inselurlaub sortiert, ich sehe die Dinge anders – aber so anders?

Einen Tag lang versuchte ich, mir probeweise den düsteren Blick von früher zu verordnen. Skeptisch und streng ging ich durch die Gassen und notierte in Gedanken alle Mängel, alles Falsche und Plastikhafte, jede umgestoßene Bierflasche, jedes verrutschte Tattoo und jeden Schreibfehler auf den schrillen Speisekarten. Aber die Tattoos waren doch Versuche, dem verwelkenden Körper etwas Dauerhaftes einzuschreiben! Und die Speisekarten hielten die tapferen kleinen Restaurantbesitzer über Wasser, die sich in angespannter Wirtschaftslage durchschlugen und sich mit Rechtschreibung eben nicht auskannten. Dass Boote voller Geflüchteter nicht weit von der Insel übers Wasser treiben, dass das Mittelmeer leer gefischt ist, dass zu wenig Regen fällt, dass sich alle größeren Katastrophen unserer Zeit auch im Mikrokosmos dieser Insel niederschlagen, weiß ich ja, wollte ich aber diesmal einfach mal nicht sehen. Urlaub im Kopf.

Von der Welle des großen Verstehens, die mich diesmal durch meine Tage auf der heißen Insel trug, kam ich einfach nicht herunter. Eine milde gestimmte Umarmerin war ich geworden, bereit, alles zu begrüßen, was sich mir zeigte – eine, die der beschädigten Welt ihre Schönheit zurückwünschte.

Als ich dann wieder zu Hause ankam, wollte ich dem Ganzen unbedingt weiter nachgehen. Ich holte die Ferienfotos aus der großen Blechkiste und wühlte mich zurück in frühere Urlaube. Da musste sich doch zeigen, ob Früher und Heute etwas miteinander gemein hatten oder ob der gnädige Blick allein von meiner seelischen Verfassung abhing. Ich blätterte mich durch Stapel von Familienferien und Fahrradtouren, Wanderungen und Kletterwochen. Immer tiefer zurück in die Vergangenheit ragten die Fotos, aber wo war die Insel? Ich begann, jedes Foto einzeln zu prüfen. Hatte sich die Insel so verändert, dass ich sie nun gar nicht mehr wiedererkannte? Verwirrt stöberte ich in meinen Erinnerungen herum: Die heiße Insel war jedenfalls nicht dabei. Fast wusste ich schon nicht mehr, was ich gesehen und was ich nur geträumt hatte.

Da blieb nur eines: Ich musste meine Miturlauber fragen. Die waren aber damals entweder noch im Windelalter, oder sie verstanden meine Frage nicht. Ob es dort damals heiß gewesen sei und laut? Ja natürlich, so sei es eben auf der Insel. Heißer und hässlicher als in diesem Jahr? Schwer zu sagen. Ob ich dort damals glücklich gewesen sei? Keine Ahnung. Und warum es diesmal so schön war? Diese Frage, sagten meine Miturlauber, solle ich einfach vergessen. Wenn man Schönheit zu sehr befrage, löse sie sich auf. Das klänge ja fast so, als müsse man Wohlbefinden rechtfertigen.

Leg dich einfach in die Sonne und hör auf zu grübeln, sagten sie. Ach, wenn es so einfach wäre. Ich weiß ja noch nicht einmal, ob es die Insel vor neun Jahren überhaupt gab. Geschweige denn mich.

Ein verregneter Tag

Neulich begann ein freudloser Tag mit dem röhrenden Stampfen des Müllwagens direkt unter meinem Fenster. Ein leichter, mürber Kopfschmerz vernebelte mir das Frühstück, bei dem sich die Mitfrühstücker jede Mühe gaben, meine zerknautschte Miene aufzuhellen. Aber das Grau der verregneten Luft vor meinem Fenster war mir schon so tief in die Poren gedrungen, dass auch der frische Ingwer, den mir meine Tochter in den Tee schnitt, es nicht vertreiben konnte. Erschöpft einfach vom Dasitzen und Wachsein, stützte ich das Kinn in die Hand und starrte auf die Zeitung: die Nachrichten verheerend, die Welt aus den Fugen. Der Ingwer brannte mir auf der Zunge. Alle kamen mir besonders munter vor an diesem Morgen, wie sie vergnügt die Regenjacken herauskramten und die Taschen richteten, als könne ihnen nichts und niemand etwas anhaben. Sie winkten mir zu und brachen auf, und ich dachte darüber nach, was ihnen auf dem Weg zustoßen könnte, welche Kreuzung besonders befahren war und wie ihre Zukunft aussehen würde in einer Welt, die … siehe oben. Dann war es Zeit für den Schreibtisch, aber anstatt aufregende neue Schreibprojekte zu entwickeln, musste ich mich mit Papierkram herumschlagen. Mühsam und kleinteilig mussten Unterlagen sortiert, Mails beantwortet, Rechnungen geschrieben, Papiere abgeheftet werden. Von dieser Lebensverwaltung lässt sich nichts weiter erzählen, als dass sie getan werden muss. Weder stiftet sie Sinn, noch macht sie Freude, noch sieht sie gut aus. Wie schaffen es Menschen, solche Arbeiten als Beruf zu haben, fragte ich mich, wie entfremdet leben wir, und wer holt mich hier raus? Da trudelte mit einem kleinen Pling eine Mail ein, ein paar herzliche Worte, ein Lob, unerwartet.

Ich habe ja mein Handwerkszeug für freudlose Tage, mühsam eingeübt, um den grauen Zeiten nicht ganz ungewappnet begegnen zu müssen, und das fiel mir nun endlich wieder ein. Gleich druckte ich die Mail aus und hängte sie mir mit einer Reißzwecke über den Schreibtisch. Andere Dinge, die ich tun könnte: spazieren gehen, Gespräche suchen, meinen Hund kraulen, meine Kinder kraulen. Aber der Hund sah unerfreulich verfilzt aus, sonst war niemand da, und so einfach ist es ja auch nicht, dachte ich patzig, mein Gemüt ist ja keine Werkstatt, Gefühle kommen und gehen nicht auf Rezept, und nicht für jedes Grau weiß ich den passenden Handgriff.

In China gibt es Menschen, die auf das Grau des Asphalts Zeichen aus Wasser malen. Sie gehen durch die Städte, durch den warmen drückenden Smog, auf dem Rücken eine Wasserflasche, unter dem Arm riesige Pinsel. Wenn sie einen geeigneten Ort gefunden haben, bleiben sie stehen, befeuchten die Pinsel und schreiben auf die Straße. Passanten sammeln sich um das feuchte Muster, das für mich nur eine Folge verschlungener Linien wäre, aber für sie ein Gedicht ist. Sie lesen es, nicken sich zu, geben dem Maler etwas Geld und gehen weiter, etwas langsamer und mit einem Lächeln.

Ich stand damals lange dort und schaute dem Treiben zu. Der Maler hatte sich ein besonders langes Gedicht ausgesucht. Bedächtig setzte er Zeichen unter Zeichen, satte feuchte Spuren, schwarz im grauen Staub der Straße. Ich hatte ja keine Ahnung, was dort stand, aber ich sah, dass die Leser, die sich die Zeit nahmen, dieses flüchtige Werk zu betrachten, Freude daran hatten. Ich sah auch, dass die Zeichen in der warmen Luft schnell wieder verblassten, die ersten, die er gemacht hatte, waren schon fast verdunstet, während er sich die Straße hinunterschrieb. Das schien ihm aber nichts auszumachen, immer wieder befeuchtete er in aller Ruhe seinen Pinsel, schaute sich sein Werk an und arbeitete weiter, und dass bald alles wieder verschwunden sein würde, schien ihn nicht im Geringsten zu stören.

Die Mail war vielleicht ein Tropfen auf den grauen Stein. Eigentlich könnte das ja schon reichen, aber für diesen Tag brauchte ich eine erhöhte Dosis. Ich schlurfte weiter durch die Stunden, sortierte, korrespondierte und konnte einen wichtigen Beleg nicht finden. Der Computer bockte, als wollte er mir zeigen, wer hier der Herr im Haus war. Schließlich ging ich mit dem Hund durch den Nieselregen und ärgerte mich über die Nachbarin, die nicht grüßte. Das tut sie nie, und sonst begegne ich ihr mit einem direkten Blick und einem offensiven Gruß, aber diesmal starrte ich sie missmutig an, bis sich bestätigte, was ich schon wusste: Heute grüßte die Welt mich nicht. Ich war eben nicht sichtbar genug. Vielleicht auch zu unwichtig. Oder zu alt. Dann sah ich es aber auch nicht ein, in Vorleistung zu gehen. Von mir aus sollten mir doch alle vom Hals bleiben. Wenn mich keiner kennen wollte, dann kannte ich eben auch niemanden. Das ganze Geplauder war ja sowieso nutzlos und leer. In stumpfem Trotz verbrachte ich den schweigsamen Rest des Tages und befand mich in sehr schlechter Gesellschaft mit mir selbst. Und all das, was mein Werkzeugkoffer anzubieten hatte, um das Ruder noch herumzureißen, schien mir schal und überflüssig.

Im Nachhinein, aber immer erst dann, ist es eine ganz eigenartige Choreografie, die solche gebrauchten Tage durchzieht. Eine Mischung aus Überdruss, Müdigkeit und Unzufriedenheit, sich zu einer Art Smog verklumpend, den dann nichts und niemand mehr vertreiben kann. Jeder Augenblick ist ein Molekül, das den Smog weiter verdichtet. Am Ende kann man nur ins Bett gehen und hoffen, dass der Schlaf ihn vertreiben wird. Man müsste solche Wetterlagen des Herzens erforschen, denke ich, wenn sie vorübergezogen sind – wie kommen sie zustande, warum sind sie so hartnäckig, und warum vergehen sie oft über Nacht?

Was den Tag neulich angeht, würde ich gern von einer freundlichen Wendung erzählen: wie mir der leuchtende Blick eines Passanten, die Melodien, die durch das angelehnte Fenster eines Klavierlehrers tröpfelten, ein geschenkter Apfel am Marktstand, der Duft frisch gewaschener Wäsche oder die tröstliche Zeile eines Gedichtes wieder den Blick klärten und die Dinge zurechtrückten. Aber so war es nicht, niemand schrieb mir mit wässrigen Pinseln ein Gedicht auf die Straße. Es regnete ja sowieso. Und abends bemerkte ich dann, dass die Amseln nicht sangen. Manchmal geht eben ein Tag einfach so zu Ende. Ganz ohne Ehrenrettung.

Die Schule der Bescheidenheit

Schon als Kind war ich, wie viele andere Mädchen auch, sehr gut darin, öffentlich die Augen niederzuschlagen, statt mit stolz geballter Faust auf der Bühne zu triumphieren. Ich las den besten Schulaufsatz vor und fürchtete mich vor dem Spott der anderen. Eine Zaubergeschichte hatten wir schreiben sollen. Ich hatte mir vorgestellt, ich könne mich in einen Winzling verwandeln und in den Taschen der großen Menschen alles belauschen. Ich wusste, dass die Geschichte gut geworden war, und ein tiefer Stolz glühte mir unterm Brustbein. Hier war mein wunder Punkt, meine weiche Stelle. Am liebsten wollte ich meine Hand darauf legen.

Nun sollte ich meine Geschichte vorlesen, meine Lehrerin Frau Mahler nickte mir begeistert zu. Nichts, was ich lieber wollte. Aber ich wusste, dass die anderen mich genau im Blick hatten. Sie durften meine weiche Stelle noch nicht einmal ahnen. Also las ich die Geschichte mit leiernder Stimme und einem mürrischen Gesichtsausdruck. Das hielt Frau Mahler nicht davon ab, die anderen Kinder zu fragen: »War das nicht zauberhaft?« Zauberhaft? Das würde niemals durchgehen. Meine einzige Chance war aggressive Bescheidenheit. Ich schaute zu Boden, runzelte die Stirn, dann schüttelte ich kaum merklich den Kopf, als hätte ich das alles nicht gewollt. Ein Versehen. Die Lehrerin übertrieb maßlos. Es funktionierte; niemand ärgerte mich, und das Glühen unter dem Brustbein, das mich noch immer wärmte, behielt ich für mich.

Immer noch entdecke ich an mir diese verbissene Spielart von Bescheidenheit. Eigentlich kann ich gar nicht anders. Bloß nicht angeben! Niemals. Und wenn du stolz bist, dann freu dich im Stillen. So hat man uns das schließlich beigebracht. Gut sein, richtig gut sein und es bloß nicht zeigen. Und wenn sie dich doch loben und preisen: bescheiden abwinken, erröten, dich selbst kleinmachen. Damit du später umso heller erstrahlst.

Neulich noch lobte jemand meine neue Jacke, die ich mir schließlich gerade ausgesucht hatte, natürlich weil sie mir gefiel. Statt stolz zu nicken, entschuldigte ich mich sofort für ihre Farbe: »Aber eigentlich wollte ich sie in Grün.« Dann schob ich gleich noch hinterher: »Außerdem war sie ganz billig. Hab ich im Internet gefunden.« Damit hatte ich das leuchtend orange Teil, meinen Lichtblick im kühlen Vorfrühling, ordentlich in den Boden gestampft.

Aber die Kollegin gab nicht auf: »Ehrlich? Da hast du aber Glück gehabt! Die ist *wirklich* schön! So fröhlich! Passt richtig gut zu dir!« Endlich hatte ich genug Lob eingeheimst und nickte gnädig.

Das sind alles Spielchen, die ich von früher noch gut kenne. Die Schule der Bescheidenheit hielt viele komplizierte Lektionen bereit. Zum Beispiel durfte die Mutter mich vor anderen loben, aber nur wenn ich gleichzeitig im Boden versank. Ich dagegen durfte nur das Lob anderer zitieren: »Frau Mahler findet ja, ich habe eine gute Geschichte geschrieben. Na, ich weiß nicht. Ich hab sie ganz schnell runtergeschrieben. Und so toll war sie auch wieder nicht.« Dann konnten die Verwandten oder konkurrierenden Eltern gegen meine Schmälerung anloben. Schließlich musste ich die Geschichte sogar vorlesen, während sich die Erwachsenen Blicke zuwarfen. Was waren das für Blicke? Blicke der Rührung, des Neides, des ehrlichen Vergnügens? Ich las, nur glühte diesmal nichts unter meinem Brustbein. Also war es vielleicht besser, alles für sich zu behalten. Aber den Applaus wollte ich ja doch, und den gab es nicht, wenn es bloß still vor sich hinglühte.

Meine Großmutter vermieste uns ihre hinreißenden Aufläufe immer schon vor dem ersten Bissen: »Ach, da habe ich nur die Reste reingemacht.« Nun klang das Essen wie überbackener Hausmüll, und wir mussten dagegen anloben, was das Zeug hielt, während wir zugleich gierig die Nasen über die köstlichen käseverkrusteten Portionen hielten.

Wenn meine Mutter krank wurde, bestand sie, blass um die Nase und schwach auf den Beinen, darauf, es gehe ihr prächtig. Selbst eine ausgewachsene Migräne war schließlich kein Grund, sich in den Mittelpunkt zu rücken. Bescheiden leiden konnte meine Mutter sehr gut; es war nicht zu übersehen, dass ihr die Welt vor den Augen flackerte, und ihre Finger krümmten sich zu einer schmerzverkrampften Faust. Wieder begann das mühsame Spiel. Wir mussten sie bemitleiden, bedrängen und trösten; sie wehrte ab, gab sich tapfer, bis unser Zuspruch sie doch ins Bett entließ. Im Verborgenen blühen, so hieß die Devise. Aber wehe, keiner schaute hin.

Neulich habe ich die Geschichte von damals ganz hinten in einer Schublade gefunden, dort, wo die Sachen liegen, die ich nicht wegwerfen kann, weil etwas an ihnen noch nicht erledigt ist. Aber warum sollte diese verstaubte Geschichte – sorgfältig geschrieben mit dem Geha-Füller, die Fehler ordentlich weggekillert – sich noch nicht erledigt haben? Ich drehte die linierten gelben Blätter hin und her, sah mir Frau Mahlers freundliche Notiz an und horchte in mich hinein, ob noch etwas glühte. Aber nichts rührte sich unter dem Brustbein, höchstens vielleicht ein leichtes Unwohlsein. Da fiel mein Blick auf die Überschrift: Die Geschichte vom sehr kleinen Mädchen. Und auf einmal begriff ich, warum diese Geschichte noch nicht erledigt war. Vielleicht war sie gut geschrieben, mag sein, aber etwas an ihr war ganz und gar daneben. Niemand hatte nämlich gemerkt, dass das Mädchen viel zu klein war. Es war ja so winzig, dass es zwischen den Zeilen verloren ging.

Ich muss diese Geschichte also irgendwann neu schreiben. Das Mädchen soll groß werden, richtig groß. Und ziemlich wütend. Und sehr stolz. Und dann kann es vielleicht die Schule der Bescheidenheit abschaffen. Oder zumindest ein paar Bretter vor die Tür nageln: Vorübergehend geschlossen!

Wie kommt das Glück ins Spiel?

In manchen Familien wird ja noch gespielt. Ich meine, so wie früher. Nicht am Bildschirm, sondern um den Küchentisch. Eine Kanne Tee dampft auf dem Stövchen, selbst gebackene Kekse in der blau glasierten Tonschale, und die nächsten Stunden verlaufen in angenehmster Langeweile. Holzfigürchen werden hin und her geschoben und Kärtchen gelesen, Hütchen übereinanderstülpt und Buchstaben gereiht. Würfel fallen, erst holt der eine auf, dann die andere, Strategien laufen ins Nichts, und Pläne werden geschmiedet, und dann gewinnt doch wieder die kleine Schwester.

Wir machen das auch manchmal. Vorher hoffe ich jedes Mal. Ich hoffe auf die Freundlichkeit der Stunde, die träge Feierabendlaune der Beteiligten und das bernsteinfarbene Licht der neuen Lampe. Ich hoffe, wir könnten uns verwandeln in eine jener Bilderbuchfamilien, die sich bei jedem Spielzug begeistert zunicken und sich zwischendurch Limonade nachschenken.

Aber erstens lehnen meine Mitspieler Industriezucker ab, und deswegen schmeckt die Limonade nicht richtig, und zweitens ist beim Spielen niemand begeistert. Sie wollen es zwar, aber zugleich sind sie von Anfang an vom Ehrgeiz geplagt. Schon beim Aufklappen des Spielbretts liegt eine leichte Spannung über der Runde. Die ersten Bündnisse werden durch Augenzwinkern und Schienbeintritte eingefädelt. Mit geflüsterten Drohungen wird gleich schon mal klargestellt, wer auf gar keinen Fall gewinnen darf, sonst gibt es richtig Ärger. Wenn es dann losgeht und sich nach wenigen Zügen herausstellt, wer führt, knarrt es kräftig im Familiengefüge. Jeder will sich selbst bestätigen. Die, die immer gewinnt, muss es auch diesmal schaffen. Die, die nie gewinnt (ich), ist tief gekränkt, dass sie sich schon wieder mit der Verliererrolle abfinden soll. Die, die manchmal gewinnt, hat es schnell satt, auf die Zufälle des Spielverlaufs zu hoffen, und muss im entscheidenden Moment aufs Klo. Wie immer warten alle, bebend vor Ungeduld. Im Spiel will jede die übliche Position halten, und wehe, es kommt anders.

Überhaupt muss ich leider sagen, dass ich Schillers Spieltheorie noch nie richtig glauben konnte. Er behauptet ja, im Spiel, dem zweckfreien ästhetischen Erleben, komme der Mensch überhaupt erst zu sich. Er sei dann herausgelöst aus Verwertungskreisläufen und Optimierungszwängen – spielend könne er erst zur Freiheit finden. Vielleicht gehören Brettspiele nicht zu dem, was Schiller unter Spiel versteht, aber bei uns passiert das genaue Gegenteil. Zweckfrei ist hier gar nichts, Gewinnen alles. Und wenn das kein Zweck ist!

Leben und leben lassen gilt nicht mehr. Gnadenloser Wettbewerb herrscht. Neidische Blicke zischen über die Tischplatte. Die eine rechnet beständig die Punkte zusammen, um auf keinen Fall den Anschluss zu verpassen; die andere hat schon zweimal mit geballter Faust auf das Spielbrett geschlagen. Und die Käseplätzchen sind auch sofort weg.

Neulich habe ich es mit einem konkurrenzfreien Spiel versucht. Es besteht daraus, Bilder zu zeichnen, die man gegenseitig erraten muss. Einfach so. Niemand gewinnt, es geht bloß, frei nach Schiller, um zweckfreies fantasievolles Kritzeln. Um Geselligkeit eben. Hoffnungsvoll versammelte ich die Spielenden um den Küchentisch. Salzgebäck und Ingwertee standen bereit. Schon nach dem ersten Durchgang herrschte Krieg. Wer nicht zeichnen konnte und wer doch. Wer begabt war, wer wen bevorzugte und wer es nie lernen würde. Alles ungerecht und sowieso Schwachsinn. Ich schaute mir die tobende Meute an und wunderte mich sehr. Was zeigte sich hier? Sind meine Mitspieler gnadenlose Sozialdarwinisten und unsolidarische Egomanen? Sonst sind sie doch auch füreinander da, hören sich zu, kaufen gemeinsam Jeans ein und bringen sich Stricken bei. Entfesselt das Spielen etwas, das nicht zu ihnen gehört, oder etwas, das sich tief in ihnen verbirgt?

Ich selbst bin ja keinen Deut besser. In der eigenen Familie eigentlich zu Besonnenheit verdonnert, ärgere ich mich auf einmal maßlos über verlorene Felder und durchkreuzte Spielzüge. Es ist das Scheitern im Kleinen, das mich fuchst – das Ausgeliefertsein an den Zufall, die unverfügbare Willkür des Spielglücks. Vielleicht scheint dahinter die Erschöpfung im Großen auf. Warum soll ich in meiner Freizeit am Spielbrett das wiederholen, was mir im Alltag so oft die Pläne durchkreuzt? Gibt es eine Schule der Gelassenheit? Und gehören dazu dann Lektionen im Verlieren?

Ich habe mich deswegen aufs Musizieren verlegt und aufs Spazierengehen. Aber sobald andere ins Spiel kommen, sind auch diese Spielwiesen gleich schon kein Spiel mehr. Liegt das an mir, oder bin ich krankhaft kompetitiv? Wer macht Fehler, wer vergreift sich, und wer ist einfach immer die Langsamste? Wer hat am schnellsten Blasen und verläuft sich am öftesten? Ich lebe im ständigen Vergleich. Und das ist ziemlich anstrengend.

Aber es geht auch anders. Im letzten Sommer, als alle Vereine und alle Mannschaften und Pfadfinder ihre Feste feierten, kam ich in unserem Park an einem großen, weißen Partyzelt vorbei. Darunter, in der brennenden Nachmittagssonne, saßen um kleine Campingtische herum lauter Grüppchen von Spielern. Sie beugten sich über Brettspiele, mischten Karten und zählten Figuren ab. Sie vergnügten sich auf das Feinste. Schnell ließ ich meinen Blick über die Gesichter gleiten, um Spuren von Neid, Missgunst oder Wut in den Mundwinkeln zu entdecken. Aber alle, wirklich alle sahen gesättigt, beruhigt und zufrieden mit sich und der Welt aus. Ich blieb ein Weilchen bei den sommerlichen Spielern stehen. Sie waren eingehüllt in diesen Zustand, den ich so selten erlebe: restlos friedliche Langeweile. Zeit haben und mit der Zeit nichts tun. Außer eben: spielen.

»Willst du mitspielen?«, rief da einer, der meine Sehnsucht gespürt haben muss.

»Ich kann nicht spielen«, sagte ich entschuldigend.

»Quatsch«, rief er, »spielen kann jeder.«

Hat der eine Ahnung.

Umarmungen

~~~~~~~~~~ Umarmungen sind schwer. Und damit meine ich nicht die Küsschen-rechts-Küsschen-links-Geste, zu der ja auch ein flüchtiges Umhalsen gehört. Die ist eher eine Art Tänzeln, das auf keinen Fall zu lange dauern und zu viel Berührung kosten darf. Sondern ich denke an zwei Menschen, die sich fest die Arme um die Körper legen und halten, so eng, dass sie den Atem des anderen spüren und sein Gewicht ahnen und Wärme die beiden umschließt. Was für Menschen, die in der Kälte übernachten müssen, lebensrettend sein kann: die Wärme zweier Körper dicht beieinander.

Ich mache das nicht mehr oft, dabei bin ich eine große Freundin echter Umarmungen. In der Fußgängerzone laufen manchmal junge Mädchen in weiten Pullovern herum, mit Pappschildern um den Hals: free hugs. Sie verschenken Umarmungen an die Bedürftigen. Aber als mich neulich eine anstrahlte und mich in ihre Arme schließen wollte, sprang ich zurück, fast schon gekränkt durch diese dargebotene Intimität mit einer Fremden. Sah ich etwa bedürftig aus? Sie blickte mir nach, mit ratlosem Lächeln und einem mitleidigen Kopfschütteln, als täte ich ihr leid. Vielleicht wäre es ja sogar schön gewesen, von diesem Mädchen umarmt zu werden – der Geruch ihrer wilden Haare in der Nase, ihr kratziger Pulli, ihre baumelnden Ohrringe. Aber jede Umarmung ist auch eine kleine Karambolage – der freundliche Zusammenstoß zweier Körper, und ich will nicht mit einer Fremden zusammenstoßen.

Andere tun es ständig und ohne darüber nachzudenken, aber das gilt ja für vieles. Meine Theaterfreunde kennen keine andere Form der Begrüßung. Überhaupt tun Künstler es ausgiebig, und auch Menschen, die sich viel mit ihren Körpern beschäftigen, sind umarmungserprobter als ich. Sie lehnen sich in ihre Mitmenschen hinein, als sei es nichts. Manche schmiegen sogar ihre Wangen oder ihre Stirnen aneinander, eine Geste, die mich tief rührt und die ich mir sofort auch wünsche.

In meiner Kindheit war diese ganze Umarmerei noch nicht so gängig. Man umarmte sich auf dem Friedhof oder zum runden Geburtstag, vielleicht auch in der Osternacht, wenn der Pfarrer eine Geste des Friedens vorschlug. Meine Eltern küssten mich auf die Wange, aber aneinander festgeklammert wurde nicht, und vielleicht wünsche ich es mir deswegen immer noch.

Ich weiß aber auch, wie leicht eine Umarmung misslingen kann. Einen Moment zu lange gehalten, wird sie zu erotisch, einen Augenblick zu rasch gelöst: zu flüchtig. Eine innige Umarmung hinzukriegen, sodass sich niemand umklammert oder eingezwängt fühlt, das ist eine hohe Kunst.

Geübt habe ich, wann immer sich die Gelegenheit bot. Das Leben als eine Geschichte von Umarmungen! Als kleines Kind ließ ich mich von der geliebten Großtante umarmen. Sie war breit und weich, hatte runde Oberarme, immer ein Taschentuch im Blusenärmel und eine Art, meinen Kopf an ihre Schulter zu betten, die ich nie wieder gefunden habe. Ich gab einfach nach und lehnte mich an, und sie roch nach Streuselkuchen und ließ mich erst dann los, wenn es gut war. Auf der Klassenfahrt umarmte ich meine Lehrerin im Halbdunkel des Schlafsaals, und sie umarmte mich zurück, was schon beinahe verboten war, und nur gut, dass uns niemand beobachtete. In der Schule umarmten sich eine Zeit lang die Freundinnen, bevor, während und nachdem sie Wildkirschtee tranken, mit gekreuzten Beinen auf dem Boden hockend, freizügig mit Berührungen jeglicher Art. Jungs: ganz schlechte Umarmer. Sie konnten es einfach nicht. Sie wollten zu viel, waren zu ungeduldig, es stand ihnen der Sinn nach anderem, oder sie waren einfach zu schüchtern. Vielleicht fürchteten sie auch, nicht gut genug zu riechen; denn der Geruch des anderen gehört zu einer Umarmung, da hilft alles nicht.

Auch die Männer in meinem Leben waren echte Umarmungsvermeider. Lieber standen sie meterweise von mir entfernt in den Wohnküchen herum und diskutierten, oder sie hatten andere Pläne, aber das stille Festhalten war ihnen eher selten gegeben. Wenn ich mich versuchsweise in sie hineinlehnte, bis es sich kaum noch vermeiden ließ, fanden sie Ausweichmanöver: Schulterklopfen, kurze Neckereien mit Rückzugsmöglichkeit, Kopftätscheln. Alles nicht das, was ich meine.

Dann die eigenen Kinder. Wenigstens bei denen konnte ich mich ausleben. Zumindest solange sie im richtigen Alter waren. Babys lassen sich nicht umarmen, sondern nur in den

Armen halten oder auf den Arm nehmen. Aber dann, wenn sie laufen können, ist es eine Freude für uns Umarmer. Sie rennen auf dich zu, strecken die Ärmchen aus, laufen direkt in deine Umarmung hinein, du kannst sie auffangen und an dich drücken. Ihr Duft ist unbeschreiblich: Butter vielleicht, frisches Gras, irgendwie grün und zugleich weihnachtlich. Aber ich habe immer aufgepasst: nicht pressen, nicht festhalten, auch wieder laufen lassen. Je älter sie werden, desto weniger wollen sie es. Ich habe gelernt, meine Fangarme bei mir zu behalten; denn gerade dann, wenn ich am wenigsten damit rechne, schenken sie mir eine rasche Umarmung.

Die beste Umarmung meines Lebens hatte ich in einem Traum. Der fing so alltäglich an, dass ich mich in meinem eigenen Traum langweilte. Ich saß in einem Wartezimmer unter vielen anderen Leuten, blätterte in einer Zeitung, es dauerte unendlich lange, und ich wusste noch nicht einmal, worauf ich wartete. Da öffnete sich die Tür, und ein alter Mönch in bodenlanger Kutte trat ein. Er schaute sich gemächlich im Raum um, als müsse er sorgfältig auswählen, und als sein Blick auf mich fiel, lächelte er mir zu. Gleich wusste ich, dass ich gemeint war. Ich stand auf und ging auf ihn zu. Der Mönch öffnete die Arme, erst dachte ich, er wolle mich segnen, aber da war ich schon in seiner Umarmung. Er hielt mich fest umschlossen. Dass alle im Wartezimmer zuschauten, vergaß ich sofort. Ich schloss die Augen. Durch die Kutte spürte ich die Wärme seines Körpers. Und als es genug war, nickte er mir noch einmal ruhig zu, dann drehte er sich um und ging hinaus. Ich wachte auf, beglückt und beruhigt, und habe diesen Traum bis heute nicht vergessen.

Die Farben der Erwartung

Neulich sollte ich in einer Grundschule aus meinen Kinderbüchern vorlesen. Die Lehrerin sortierte das junge Publikum, erklärte die Spielregeln des Zuhörens, ermahnte alle, sammelte Stofftiere und Radiergummis ein, setzte Störenfriede um. Es dauerte mindestens zehn Minuten, bis alle auf ihren Stühlen saßen, nach vorn schauten und aufhörten zu reden. Hinterher überlegten wir, die Lehrerin und ich, woher unsere Erschöpfung stammte. Ich war erschöpft, weil ich freudige und blitzmuntere Zuhörer erwartet hatte, die es nicht erwarten konnten, eine echte Schriftstellerin zu treffen. Stattdessen las ich einer quirligen Bande Geschichten vor, die sie nicht wirklich hören wollten. Sie war erschöpft, weil sie von ihrer Klasse Gastfreundschaft und Höflichkeit erwartet hatte und auch ein bisschen Dankbarkeit für einen besonderen Vormittag.

Wenn wir von vornherein nichts erwartet, sondern einfach die Situation geklärt hätten, dann wären uns Ärger und Enttäuschung erspart worden. Wir überlegten weiter, holten uns im Lehrerzimmer einen Tee und waren bald tief ins Gespräch versunken.

Ganz und gar erwartungsfrei leben, meinte sie, das könne ein Ziel sein. Was würde sich ändern? Sie könnte sich dann am Augenblick freuen und würde nicht verzagen, wenn alles ganz anders käme.

»Aber ich kann doch nicht völlig ohne Erwartungen durchs Leben gehen«, wende ich ein. »Wo bleibt denn dann die Begeisterung? Die Vorfreude? Die Spannung?«

Darauf kann die Lehrerin, jeden Tag einem Kreuzfeuer unzähliger Erwartungen von Kindern, Kollegen, Eltern und sich selbst ausgesetzt, wirklich verzichten. All die Enttäuschungen! Wenn das Tablet nicht unter dem Christbaum liegt. Wenn die Eltern wieder nicht zur Vorführung kommen. Wenn das Kind weder hochbegabt noch herausragend musikalisch ist und vielleicht doch kein Profihandballer wird. Und wie viele Feste sind, überfrachtet von Erwartungen, schon gründlich danebengegangen? Wie viele Urlaube und Beziehungen?

»Aber gerade daran sieht man doch, wie sehr wir Erwartungen brauchen«, rufe ich. Wenn ich von der Liebe nichts mehr erwarte, wenn die Kinder Geburtstage nicht mehr herbeisehnen, wenn der große Gleichmut herrscht und man den Höhepunkten nicht mehr entgegenfiebert, fehlt doch die Dramaturgie: Spannung und Erlösung, Hoffen und Loslassen. Oder kann die Freude erst wirklich leuchten, wenn sie keinem Wunschzettel entspringt und an keine Sollerfüllung gebunden ist? Gleichsam frei und nur der Gegenwart hingegeben – eine pure Form der losgelösten Seligkeit. Ohne etwas erreichen zu wollen. Ohne sich hervortun zu müssen. Zweckfrei und abgeklärt.

Ich weiß nicht recht. Ich bin keine Zenmeisterin. Wie sollte ich mir denn meine Erwartungen austreiben? In alle Momente meines Lebens, in denen ich mich unbändig gefreut habe, waren immer auch die größten Erwartungen hineingestrickt. Überhaupt sind Erwartungen eine Grundierung, die mein Erleben einfärbt. Ich kenne es gar nicht anders.

Ich bin ja selbst in einem Netz von Erwartungen groß geworden: dass das Baby friedlich und das Kindergartenkind kein Angsthase zu sein habe. Dass das Schulkind Freundinnen finden, höflich zu Erwachsenen sein und schnell schwimmen lernen möge. Und nicht zu schüchtern sein. Nicht patzig sein. Sich für alles interessieren. Dass der Teenager nachts nach Hause kommt und gute Noten schreibt. Und zwar richtig gute. Gerade Kinder aus bildungsbürgerlichen Familien sind nicht nur mit Geld und Bildung, sondern auch mit unzähligen Erwartungen gepolstert, die, gespeist von wohlmeinenden, hoffnungsvollen Eltern, wie unfehlbare kleine Motoren ständig für Antrieb sorgen. Ein Bauplan für ein erfolgreiches Leben, dem man folgen sollte, wenn man niemanden unglücklich machen will.

Wenn nicht, ist die Enttäuschung groß. Eine Strafe, härter als ein Schlag, schärfer als ein Tadel und bitterer als Hustensaft: das abgewandte Gesicht der Mutter, ein resignierter Blick aus bekümmerten Augen, ein leiser Seufzer. Ach wie schade. Du hast es nicht geschafft. Obwohl ich es mir so gewünscht habe. Hast du dich nicht angestrengt?

»Doch«, ruft das Kind, »ich habe mir Mühe gegeben, wirklich!« Und es strengt sich noch mehr an, übt noch mehr, ist noch aufmerksamer, noch präziser und zugewandter, auch wenn das nicht reichen wird. Es hat einfach noch nicht gelernt, dass Erwartungen wie Sterne sind. Man kann sie nicht anfassen und nicht zählen, manche haben einen Namen, aber manche auch nicht; man kann sich nach ihnen strecken, sie aber niemals vom Himmel holen.

Es weiß auch noch nicht, wie schwer es ist, die eigenen und die fremden Erwartungen auseinanderzuhalten. Es will ja aus freien Stücken all das, was die anderen wollen, es will gute Noten und innige Blicke, es will alle Prüfungen glanzvoll bestehen, was soll daran falsch sein.

Dieses Kind hat später jahrelang geübt, den eigenen Blick wieder freizulegen. Es hat gelernt, zu Bett zu gehen, auch wenn alle anderen feierten, und zu tanzen, wenn niemand mehr wollte. Es hat geschwiegen, wenn es klug hätte reden sollen, und geredet, wenn es den Mund hätte halten sollen. Es hat Zeit vergeudet, Dummheiten gemacht und alle überrascht.

Und nun schaue ich mit diesem sorgfältig geschärften eigenen Blick, diesem mühsam erkämpften Eigensinn auf mich, die Kinder und die Lehrerin an diesem Morgen, und wie hartnäckige Stehaufmännchen erheben die guten alten Erwartungen ihre Köpfe. Gut sein. Still sein. Rücksicht nehmen. Lernen wollen. Große Augen machen. Klug sein. Gefallen wollen. Wir werden sie nicht los, will ich zu der Lehrerin sagen. Abschütteln lassen sie sich nicht.

Aber ich sage es dann doch nicht. Denn was sie sich vornimmt, ist mutig. Ich hoffe nur, dass sie sich nicht allzu viel erwartet. Und wir beiden, wir sitzen nun hier an einem

Tisch im ruhigen Lehrerzimmer, das nach Kopierer und Fensterreiniger riecht, und reden schon seit drei Tassen Tee miteinander. Und das – das hätte ich ja nun gar nicht erwartet.

Fünfzig glückliche Gäste

~~~~~~~~ Es gibt Menschen, für die sind die einfachen Dinge des Lebens nicht so leicht. Zum Beispiel einen Brief zu schreiben, ein Lied zu singen, ein Fest zu feiern. Ich bin auch so jemand. Dabei liebe ich Briefe, Lieder und Feste. Als Leserin, Zuhörerin und Gast. Aber wer Briefe bekommen will, muss auch welche schreiben, schärfte mir meine Mutter ein, wenn ich damals gierig in der Post wühlte, die jeden Morgen durch unseren Briefschlitz stürzte. Warum schrieb mir denn niemand? Weil ich selbst nie einen Brief abschickte, denn ich musste so lange überlegen, durchstreichen, umschreiben und illustrieren, bis meine Briefe sich erledigt hatten. Und wer gern Lieder hört, möchte auch welche singen. Ich jedenfalls. Aber vor Zuhörern wird meine Kehle eng und mein Pulsschlag gewaltig, ein inneres Beben stellt sich ein, das Stimmchen wird metallisch, und dabei auch noch an die Zwerchfellstütze zu denken ist beinahe unmöglich.

Und dann die Feste. Als Gast kann ich unbekümmert herumstehen, Buffets abfuttern und freundlich von Grüppchen zu Grüppchen wandern. Es bedrängt mich nicht, es beängstigt mich nicht, es vergnügt mich einfach nur, vor allem wenn ich einen Sekt intus habe und niemanden kenne. Aber als Gastgeberin sieht die Sache ja anders aus. Schon wenn ich mit dem Stift in der Hand am Küchentisch sitze und überlege, wen ich einladen könnte, klopft ein ungutes Grüppchen alter Bekannter an die Tore: Erwartungsdruck, Perfektionismus, Lampenfieber und andere reizende Lebensbegleiter, die ich zwar schon ewig kenne, aber deswegen nicht weniger fürchte. Ein Fest ist die Probe aufs Exempel für ein riesiges Bündel an Fertigkeiten, wirklich ein wahres Meisterstück. Kaum ein Beruf, in dem man so viel können muss wie für ein Fest.

Erst mal muss man entscheiden: draußen unter blühendem Sommerflieder oder drinnen ums Klavier? Im Keller mit dröhnenden Bässen, Kaffeetafel auf der Obstwiese oder Wein und Käse? Gulaschsuppe oder asiatisch? Und dann geht es überhaupt erst richtig los. Initiative ergreifen, planen, Sammelmails schicken, bloß niemanden vergessen, kochen, Wettergott spielen, improvisieren, Gläser spülen, backen, schmücken, und das alles, bevor überhaupt ein Mensch auftaucht.

Kommen die Gäste, wird es richtig kompliziert. Der erste geht noch, ich kann ihn begrüßen, mit ihm reden, ihm zuhören. Spätestens ab zehn Leuten stellt sich dann das plaudernde Summen ein, das zu jedem Fest gehört. Gespräche surren durch den Raum, Menschen prosten sich zu, Blicke blitzen hin und her, ich kann es nicht mehr überblicken. Dort lacht jemand so laut, dass ich das Gefühl habe, ich verpasse den Spaß der Woche. In der Ecke tuscheln welche, keine Ahnung, was sich da anbahnt. Tom, der Kollege von der Hochschule, kennt doch niemanden, ich darf ihn nicht allein lassen, sonst langweilt er sich womöglich. Warum hat er das fleischfarbene Hemd angezogen, soll ich ihm ein anderes ausleihen? Auch meinem Vater könnte es langweilig sein, weil niemand hier sich mit romanischen Kirchen oder zeitgenössischer Museumsarchitektur auskennt. Ein Kleinkind stolpert über die Weinkisten, wer hebt es auf? Und dort drüben auf dem Sofa sitzt meine alte Freundin Julia ganz allein, wie kann das sein? Hat noch niemand ihre wunderbaren Augen entdeckt, ihre klugen Fragen gehört und ihre feine Art, so lange nachzufragen, bis sie durch die Vorhöfe des Small Talks hindurch zum Wesentlichen gelangt?

Überhaupt das Wesentliche. Unterhalten sich die Gäste wirklich, oder schlingern sie nur von einer Small-Talk-Insel zur nächsten? Mein Fest soll sie bereichern, und wen bereichert aufgeregtes Geplapper? Oder ist Geplapper gerade das, was allen guttut, nach harter Arbeit und in die Schwerkraft des Lebens verstrickt? Und da drüben, der geheimnisvolle scheue Nachbar vom anderen Ende der Straße, ein Träumer und Zweifler. Dass er überhaupt gekommen ist! Er streunt am Rand herum und schaut genauso flink herum wie ich. Wie kann ich ihn nur beheimaten? Ach was, weit Größeres verlange ich von mir: Glücklich soll er sein, so wie auch alle anderen hier, ich will fünfzig glückliche Gäste, nicht mehr und nicht weniger.

Ich hocke mich zu Julia aufs Sofa. Sie sieht weder vereinsamt noch verstrickt aus und auf keinen Fall unglücklich. Sie sitzt einfach da, aufrecht wie immer, in der Hand eine Aprikose, und schaut mit schräg gelegtem Kopf in die Menge.

»Du genießt es nicht«, stellt sie fest. Ich sträube mich. So schnell lasse ich mich nicht durchschauen. Ich wiegele ab. »Doch, es ist wunderbar«, sage ich und überprüfe zugleich schnell, ob der einsame Zweifler inzwischen ins Gespräch und mein Vater einen Kunstkenner gefunden hat, ob das Bauernbrot noch ausreicht und ob das Holz für das Lagerfeuer nachher schon bereitliegt.

Julia beobachtet mich eine Weile und nickt geduldig. Sicher will sie mir sagen, dass ich loslassen soll, dass ich nicht verantwortlich für alle bin, dass meine Gäste erwachsen sind und dass ich meine alten Bekannten, den Erwartungsdruck und seine Kumpel, zum Teufel jagen soll, oder hatte ich die etwa auch eingeladen?

»Willst du nicht«, überlege ich, »vielleicht gleich mal mit zu meinem Vater, den kennst du doch, oder soll ich dir ein Stück Käse holen, oder wollen wir tanzen?«

Da zieht mich jemand vom Sofa hoch, und ich werfe Julia noch einen besorgten Blick zu, aber nun ist nicht mehr die Zeit der Fürsorge, nun ist die Zeit der Musik. Und endlich, zu guter Letzt, hat sich alles andere erledigt. Ich gehe zu den Musikern, hole meine Geige, wir stimmen, wir schauen uns an und beginnen das erste Stück. Die Melodie läuft durch meine Finger, der Takt fährt mir in den Bogen. Es gibt nichts mehr zu tun außer zu spielen. Und wenn jetzt welche tanzen wollen, sollen sie ruhig. Der scheue Nachbar mit Julia, das Kleinkind mit meinem Vater, der fleischfarbene Tom mit sich selbst, und was meine Bekannten so treiben, die alten Quälgeister – das habe ich glatt vergessen. Vielleicht tanzen sie ja auch. Bis zum Umfallen.

So viele Heimaten

Neulich sprach ein alter Mann im Radio davon, wie ihm sein Garten genommen wurde. Ein Geflüchteter, er musste alles zurücklassen. Aber er redete nicht von seinem Haus, das nun vielleicht in Trümmern liegt, und nicht von den Dingen, die er verloren hatte, sondern von dem Garten. »Dieses grüne Licht unter den Bäumen«, sagte er, und: »Wir haben vom Garten gelebt.« Das klang nach einer lebensnotwendigen Nahrung, die er nun nicht mehr finden wird.

Ich ging hinaus in unseren schmalen Reihenhausgarten und schaute mich um. In unserem Garten gibt es bis auf ein paar Küchenkräuter und im Frühjahr einige wild wuchernde Mini-Erdbeeren nichts zu essen, die Wiese ist von Löwenzahn durchsetzt, und von nennenswerten Bäumen kann auch keine Rede sein. Aber ich kann die Wäsche darin aufstellen und im Winter Meisenkugeln aufhängen, und wenn alles gut geht, wird mir niemand diesen Garten jemals streitig machen. Ich schüttelte ein paar welke Blätter aus der Hängematte, meiner Hängematte.

Dies ist ein Ort, an den ich gehöre. Das Wort Heimat will mir nicht recht über die Lippen; einfacher ist, es Zuhause zu nennen, dieses Fleckchen, das kleine Reihenhaus mit seiner schiefen Hausnummer und seinem bescheidenen Garten. Es ist der Schauplatz vieler Freuden und Zusammenstöße. Ich weiß noch zu gut, von welcher Treppenstufe das Kind gefallen ist, gegen welches Fenster der Vogel prallte, den wir dann zu retten versucht haben, welcher Fleck auf dem Parkett vom zerbrochenen Honigglas kommt und welcher vom Fahrradöl. Wenn ich weggehen müsste, was ließe ich zurück? Wovon würde ich sprechen, wenn man mich in einem fremden Land nach dem fragte, was mir fehlt?

Als ich früher viel auf Reisen war, besaß ich ein kleines nutzloses Gebilde aus Draht, das ich überallhin mitnahm. Man konnte es zusammenfalten, ganz flach passte es zwischen die Zahnbürste und die Malariatabletten. Und wenn ich dann an einen neuen Ort geriet, zog ich es vorsichtig auseinander und stellte es neben mein Bett. Oder neben meine Hängematte, meine Gästeliege, meine Isomatte. Es sah aus wie ein kleiner filigraner Iglu und war das Zeichen für eine vorübergehende Beheimatung. Aber es half nur bedingt. Nach einer Zeit des Reisens kam immer die Sehnsucht. Was mir fehlte, konnte ich kaum sagen. Wenn ich versuchte, es zu ergründen, kamen seltsame Wünsche zum Vorschein: Kirchenglocken zu hören. Endlich wieder dunkles Brot zu essen. In meiner Mutter-sprache zu träumen. Jemandem die Hand zu drücken. Beim Zeitunglesen jedes Wort zu verstehen. Dinge zu zahlen, ohne um den Preis zu feilschen. Auf Bürgersteigen zu laufen.

Wenn ich dann zurückkehrte, schwankend mit dem klo-bigen Rucksack auf dem Rücken, nahm ich etwas wieder in Besitz, wofür ich kein passendes Wort parat hatte. Ein Zuhause aus Brot, Wörtern und Geräuschen.

Die anderen, die ich unterwegs traf, hatten weniger Sehnsucht. Einmal stritten wir uns lange in der fettigen Küche eines Hostels darüber, wo wir zu Hause seien.

»Meine Heimat ist mein Rucksack«, erklärte mir einer stolz. Heimat habe nichts mit Orten zu tun. Sondern man trage sie eben im Herzen. Oder auf dem Rücken.

Andere gingen noch weiter. Die Welt war für sie eine einzige große Einladung.

»Du kannst dir deine Heimat aussuchen«, versprachen sie mir und erzählten von all den möglichen Heimaten, den Fischerhäfen und Pferdefarmen, Rooftop-Bars und Cafés, Stahlwerken und der Transsibirischen Eisenbahn. Ich hatte bis dahin noch nie im Plural an Heimat gedacht.

»Und woher weiß ich dann, welche die richtige ist?«, fragte ich nach. Da lachten sie – schon die Frage zeigte, dass ich es nicht verstanden hatte. Was Heimat anging, war ich damals monogam.

Jedenfalls hatten sie an den verrücktesten Orten gelebt, gefeiert und gearbeitet. Sie waren jung, beweglich und erfinderisch und konnten, ohne mit der Wimper zu zucken, in China oder in Rom eine nagelneue Heimat-Filiale aus dem Boden stampfen. Als bräuchten sie nichts als guten Willen, um irgendwo irgendwie dazuzugehören. Ich war genauso jung, aber anscheinend nicht erfinderisch genug. Etwas in meinem gejetlagten Körper zerrte in mir und wollte mich partout nicht auf das leere Spielfeld der Möglichkeiten entlassen, auf dem sich die anderen tummelten und sich Zugehörigkeiten ausdachten, wie sie lustig waren.

»Ihr habt euch also selbst beheimatet?«, fragte ich skeptisch.

Sie verstanden das Wort nicht, es ließ sich kaum ins Englische übersetzen.

»Aber das kann doch niemand ganz allein!«, wandte ich ein.

»Genau«, riefen sie begeistert, »das ist es ja! Nur mit anderen zusammen gibt es Heimat, egal wo.«

»Ach was«, mischte sich ein starrköpfiger Ire ein. »Es ist viel einfacher: Heimat ist dort, wo du gut schläfst.«

Für mich ist es seitdem wirklich einfacher geworden. Das kleine Drahtgebilde steht seit vielen Jahren immer dort, wo ich gut schlafen kann. Das ist oft ein Ort, an dem ich nicht allein bin: ein Haus und meine Menschen darin.

Das ist meine Nahrung, dachte ich, als ich in unserem struppigen Garten stand, die Stimme des alten Mannes im Radio noch im Ohr, und mich über die kahle Stelle im Rasen beugte, die die Meerschweinchen abgeweidet hatten. Aber wenn ich diese Nahrung nicht bekommen könnte, wenn ich sie mir nicht mehr leisten könnte, wenn sie mir weggenommen würde, so wie dem alten Mann mit seinem verlorenen Garten, der ein Leben lang vom grünen Licht unter den Blättern träumen wird – wie könnte ich leben?

Alle Fragen offen

~~~~~~~~~~ In einer kleinen Stadt im Schwarzwald habe ich einen freien Vormittag ergattert. Erfreulich ziellos schlendere ich durch die Fußgängerzone, trinke neben der imposanten Stiftskirche einen frischen Saft, den mir der Obsthändler mit einer altmodischen Handpresse gemacht hat, diskutiere mit einem jungen UNICEF-Freiwilligen über Entwicklungshilfe und wundere mich, wie die vielen indischen und chinesischen Restaurants hier überleben.

Und dann fällt mein Blick auf einen Vater mit seiner kleinen Tochter. Die beiden stehen vor einem Modekaufhaus, der Vater starrt auf sein Handy, das Mädchen hebt einen alten Schraubverschluss auf und hält ihn sich vors Auge, bis der Vater sie anraunzt und ihr das Plastikteil wegreißt. Als er sie an der Kapuze weiterzieht, tue ich etwas, was ich mir sonst nicht erlaube: Ich folge ihnen unauffällig. Sie gehen rasch durch die Innenstadt, und immer, wenn das Kind zurückfällt oder auf etwas zeigt, packt sie der Vater am Ärmel, als hätten sie es eilig. Ich bleibe dran, zugleich beschäftige ich mich mit den Auslagen der Läden und dem Reißverschluss meiner Jacke, damit ich nicht auffalle. Eine fragwürdige Mischung aus kriminalistischem Ehrgeiz und voyeuristischem Eifer hat mich ergriffen. Sind die beiden wirklich Vater und Tochter?

Was haben sie vor? Werden sie mich entdecken? Warum hat der Mann es so eilig?

Lauter Fragen, die mich gar nichts angehen. Unfaire Vermutungen schießen ins Kraut: Der Mann ist arbeitslos, die Vollbeschäftigung hat ihn vergessen. Oder er ist Scheidungspapa und muss das Kind zurückgeben. Oder er will mit dem Kind fliehen, sie wurden ausgewiesen, sie werden gejagt, von wem eigentlich? Inzwischen laufe ich unverhohlen hinter den beiden her. Am Bahnhof, einem schick zurechtgemachten Ziegelsteingebäude, schütteln sie einem Taxifahrer die Hand (warum?) und verschwinden hinter den Flügeltüren. Ich folge ihnen und schaue mich um. Die Bahnhofshalle ist überschaubar, zwei Ticketautomaten, Fahrpläne, ein Zeitungskiosk, aber ich kann sie nirgends sehen. Misstrauisch hocke ich mich auf eine der Wartebänke und lasse den Blick schweifen.

Nach und nach entfaltet sich ein merkwürdiges Treiben. Aus dem Zeitungsladen surrt eine Frau in einem elektrischen Rollstuhl, einen Stapel Magazine und Rätselhefte auf dem Schoß. Sie strahlt unter ihrem dünnen weißlichen Haar, als gäbe es keinen schöneren Tag, und lässt ihren Rollstuhl eine Art Pirouette vollführen. Als sie Minuten später immer noch strahlt, merke ich, dass das Lächeln in ihr Gesicht eingefroren ist, die Augenbrauen hochgerissen, die Mundwinkel zu einem Grinsen fixiert, das ist ihr Gesichtsausdruck. Auf die Bank neben mir lässt sich ein alter Herr nieder und entfaltet eine Zeitung. Aber er liest sie nicht, er blättert nur kopfschüttelnd darin herum, von vorn bis hinten, von hinten nach vorn. Als er merkt, dass ich ihn anstarre, nickt er mir zu, als wolle er sagen, die Welt sei ein sonderbarer Ort, über den man sich nur wundern könne, und in der Zeitung stehe auch nicht viel anderes. Aber das sind wieder nur Vermutungen, sage ich mir, welche Anmaßung, irgendetwas über diesen Menschen wissen zu wollen. Ist das die Arroganz der Geschichtenerfinderin? Oder nur die Spekulationsmaschine, die ständig in uns arbeitet?

Ein lautes Seufzen lässt mich den Kopf heben. Jemand in einem fleischfarbenen Anorak ist in die Halle gekommen und durchmisst sie mit schwerem Schritt. Mit jeder Bewegung stößt er einen tiefen kehligen Laut aus, so als habe er Schmerzen oder sei sehr ratlos. Der will hier raus, spekulieren meine inzwischen wild entzündeten Fantasien, der hält es nicht aus in dieser kleinen Stadt. Und wirklich führt der nächste Gang den Mann stöhnend zum Fahrkartenautomaten. Aus dem Anorak holt er eine riesige Lupe und beugt sich über die Tastatur. Er kann sich keine Brille leisten, denke ich entsetzt, aber gehören Sehhilfen nicht zur Grundversorgung der Kassen? Oder ist er nicht krankenversichert? Unbeirrt drückt der Mann auf den Tasten herum. Das Stöhnen hat sich in ein beinahe erotisch verdichtetes Schnaufen verwandelt. Als der Automat ein Stück Papier ausstößt (einen Fahrplan? Eine Reiseauskunft? Eine Fahrkarte?), reißt er den Zettel an sich und liest ihn mehrere Male unter der Lupe durch. Was er sieht, scheint ihm nicht zu genügen. Das Schnaufen wird wieder dunkler, er knüllt den Zettel in die Tasche und beginnt wieder mit seinen Wegen durch die Halle.

Ich besinne mich auf mein detektivisches Anliegen und stehe auf. Fast möchte ich mich von den Herrschaften in der Halle verabschieden, aber sie wissen ja nicht, dass sie in meiner Geschichte vorkommen. Ich gehe hinaus zu den Gleisen und suche meine Zielpersonen, den Vater und seine kleine Tochter. Sie können ja nicht verschwunden sein, und wirklich stehen sie dort hinten auf Gleis 2. Das Mädchen hüpft auf und ab, der Mann hat sich eine Zigarette angezündet, hält sie zwischen Zeigefinger und Daumen und nimmt tiefe Züge, so wie früher im Osten geraucht wurde. Will er sie wegschicken? Hat sie keine Aufenthaltsgenehmigung? Warum spielt er nicht mit ihr? Haben sie überhaupt eine Beziehung?

Der Zug fährt ein, ein schmales Bähnchen, eher eine Art schnelle Straßenbahn, und ich recke den Hals, um nichts zu verpassen, aber in dem Gedränge kann ich sie nicht erkennen. Erst als der Bahnsteig wieder fast leer ist, sehe ich sie: den Mann, das Kind und eine alte Dame mit riesigen Koffern. Sie stehen dicht beieinander und umarmen sich fest. Das aufgeregte Lachen des Mädchens schallt über die Gleise. Dann klopft der Mann der alten Frau strahlend auf den Rücken und nimmt ihre Koffer.

Tief beschämt wende ich den Blick ab. Heute bleiben wirklich alle Fragen offen. Nur eines ist klar: Ich habe keine Ahnung.

Wie Männer so reden

~~~~~~ Eigentlich habe ich meine Gedanken über Männer bisher eher für mich behalten. Allein schon deswegen, weil ich von ihnen umgeben bin. Verständlicherweise wollen sie nicht beobachtet werden, und Kommentare verbitten sie sich kategorisch. Niemand möchte ja gern mit Etiketten beheftet werden, und gegen Schubladen würde sich jeder wehren. Allein der Plural »die Männer« verböte sich, sagen die Männer, und wenn sie das Gleiche mit uns Frauen täten, würden wir uns ja auch dagegen verwahren. Sie würden es sich wohl auch kaum trauen, es ist schon lange nicht mehr politisch korrekt, den Frauen irgendwelche Eigenschaften nachzusagen, und genau dafür haben ja viele von uns auch jahrzehntelang gekämpft.

Aber neulich war es wieder so weit. Ich erzählte in größerer Runde von einer Reise nach Irland. Einer der Zuhörer signalisierte durch heftiges Nicken, dass er großen Anteil an meinen Schilderungen nahm. Erst mal ganz schön so weit, aber in Wirklichkeit wartete er nur auf eine kleine Lücke in meinem Bericht, und die gab es sehr bald, weil ich zum Lückenlassen tendiere und monologisches Gesprächsverhalten mir nicht gegeben ist. Während ich mir etwas Wein nachfüllte und die ersehnte Lücke entstand, atmete der

Zuhörer tief ein und wurde zum Redner. Zehn Minuten später wussten wir alles über irische Geschichte, Sprache, Kultur und Bräuche, landschaftliche Höhepunkte, zu empfehlende Reiserouten, Trinkgewohnheiten und Liedgut. Die Sache ist nur, dass ich all das studiert habe und einiges zu dem kleinen Landeskundereferat anzumerken gehabt hätte. Es ging aber nicht. Die Ansprache lief, Einwände wurden weggewinkt oder mit siegessicheren Behauptungen entkräftet. Auf einmal war das Gespräch ein Wettbewerb. Es führte, ganz weit vorn, der Redner; dann kam ein Mittelfeld aus ergebenen Zuhörerinnen und Männern, die ungeduldig mit den Hufen scharrten, um das Rennen aufzunehmen; weit hinten, abgehalftert, hing ich trotzig an meinem Weinglas und warf dem Redner schlecht verborgene wütende Blicke zu. Wahrscheinlich fand er die süß.

Selbst erklärte Experten, die zu jedem Thema etwas zu sagen haben und es auch tun; weltläufige Schlaumeier, die schon ein bisschen was in ihrem Leben gesehen haben und das gern anderen mitteilen. Wissen, das abrufbar ist und in mehr oder weniger bekömmlichen Portionen ausgeteilt wird – von denen, die sich auskennen, an die, die einfach leider keine Ahnung haben. Das Gesprächsgefälle ist steil, von Augenhöhe keine Rede mehr. Diese Redner sind sehr gut darin, sich eine Menge Raum zu nehmen, aus dem Nichts eine schöne Bühne mitsamt Scheinwerfer und Mikrofon zu zaubern und sich auf dieser Bühne zu bewegen, als seien sie dafür gemacht. Sie gehen erst wieder runter, wenn sie Applaus bekommen, und es sind fast immer Männer.

Für dieses Gesprächsverhalten gibt es inzwischen treffende Schlagworte, die ich zu vermeiden versuche. Interessanter ist doch die Frage, warum ich immer wieder in solche Inszenierungen hineingerate, ohne mich zu wehren. Vielleicht weil man auf diesen Bühnen eine laute Stimme und eine Liebe zum Monolog braucht, und ich habe beides nicht. Eine ungarische Schriftstellerin, die ich verehre, musste neulich eine Rede vor erlesenem Publikum halten, Bühne frei, alle Blicke ruhten auf ihr. »Sie hätten wohl gern, dass ich Ihnen nun die Welt erkläre«, sagte sie. »Aber da liegen Sie falsch. Es gibt andere Formen des Sprechens. Wie wäre das: Ich stelle Ihnen eine Frage zum Thema. Sie befragen dazu Ihren Nachbarn. Der tuschelt seine Antwort weiter. Und so könnte sich ein Gewisper und Getuschel im Raum ausbreiten, alle kämen miteinander ins Nachdenken, und ich könnte mich still und heimlich aus dem Staub machen und auf der nächsten Bühne das Gleiche anzetteln.«

Was dann passierte, weiß ich nicht. Ich bin auch nicht sicher, ob mir dieses Verfahren wirklich einleuchtet. Es ist zugleich weise und sehr bescheiden. Ist das private Tuscheln wirklich besser als das öffentliche Sprechen? Hat diese Frau den Raum, der ihr zustand, wirklich genutzt? Hat sie sich damit klein gemacht, und ist das Kleine nicht etwas, mit dem sich Frauen schon zu lange begnügen? Kleine Formen, leise Töne, behutsames Zuhören, achtsame Blicke – alles gut und schön, aber damit kann man den Großtönern noch lange nicht das Wasser reichen.

Die Studentinnen, die sich bei ihr auf Stellen bewarben, erzählte mir eine befreundete Professorin, rutschten sehr rasch in Gefühlslagen und private Geschichten ab. Warum haben Sie dieses Thema gewählt? Weil ich damit gute Erfahrungen gemacht habe, weil es mich angezogen hat und weil es sich gut bearbeiten lässt, während die Kinder ihren Mittagsschlaf halten. Die jungen Männer dagegen halten provokante Thesen bereit, geben sich selbstsicher und streitbar.

Aber das sind ja schon wieder Schubladen. Waren wir nicht schon weiter? Kaum getraue ich mich, zuzugeben, dass ich es liebe, zusammen mit anderen Frauen zu erzählen, zu trinken und Musik zu machen, und sobald einer der Männer dazukommt, ändert sich das Beziehungsgefüge von Grund auf, Bühnen entstehen, Scheinwerfer werden angeworfen, unmerklich verschiebt sich der Abend Richtung Wettbewerb. Das kann interessant sein; aber mich erschöpft es unendlich.

Die Männer, die selbst dagegen anarbeiten, haben es auch nicht leicht. Ihre bemüht weiche Stimmführung, ihre körperbetonte Zugewandtheit und ihr sanftmütiger Blickkontakt machen mich nervös. Wenn einer von denen mal das Wort ergreift, entschuldigt er sich dafür und unterbricht sich dann nach jedem zweiten Satz, um die Zuhörer mitzunehmen. Wenn ein heftiges Wort fällt, tritt er sofort den Rückzug an.

Solche Männer reparieren mir nicht das Fahrrad, weil das übergriffig wäre und ich es ja auf jeden Fall auch allein kann, oder nicht? Bald gibt es in meinem Lieblingsfahrradladen einen Workshop für Frauen. Ich wollte mich anmelden. Aber er war schon ausgebucht.

Brennender Neid

Als Kind beneidete ich die Erwachsenen, weil sie lesen durften, solange sie wollten, und entscheiden konnten, wohin wir im Urlaub fuhren, und weil sie Dinge kauften, die ich zwar nicht haben wollte (eine neue Stehlampe, einen Vorwerkstaubsauger, eine elektrische Zahnbürste), aber das Kaufen an sich, lässig mit einer Unterschrift auf dem Scheck, statt die Groschen aus der Sparbüchse zu schütteln, schien mir beneidenswert. Ich beneidete auch meine Flötenlehrerin um ihren stattlichen Liebhaber und das Nachbarmädchen glühend um den neuen Hund, den ich zwar hässlich fand mit seinen hervorquellenden Augen und seinem beige aufgeplusterten Fell (ich hätte mir einen ganz anderen ausgesucht, einen riesigen schwarzen mit Stehohren), aber immerhin: Sie hatte etwas, das ich mir wünschte, solange ich denken konnte.

Neid traf auch mich, weil ich gut in der Schule war, ohne mich darum zu bemühen. Obwohl ich immer alle abschreiben ließ und alles teilte, was mir unter die Finger kam, konnte ich mich vom Neid der anderen nicht freikaufen. Neid lässt sich offensichtlich nicht durch Geschenke mildern und auch nicht wegdiskutieren, wie mir schon damals klarwurde, als das Nachbarmädchen, das unter meinen brennenden Blicken litt, den Neid wegplaudern wollte.

»Ach, weißt du, so toll ist es mit so einem Hund ja gar nicht«, sagte sie, »wenn er in die Küche pinkelt, muss ich es wegmachen, und bei Regen will er nicht raus, und ich auch nicht.« Wenn sie aber glaubte, mir damit den Neid ausreden zu können, lag sie falsch. Ich hätte jede Küche der Welt tagelang geputzt, wenn ich dafür einen Hund bekommen hätte, und Regen war mir egal, im Gegenteil stellte ich es mir hinreißend vor, mit einem nassen Hund über die Pfützen zu springen. Ich versuchte es sogar mit ihrem, ich klingelte und lieh ihn mir aus, aber danach brannte mein Neid nur noch heftiger, wie eine frische Entzündung. Es war wundervoll, mit einem Hund unterwegs zu sein, auch wenn er klein und fluffig war. Und wenn sie sich darüber auch nur eine Sekunde lang beschwerte, hatte erst recht nicht sie dieses Tier verdient, sondern ich.

Das ist nun lange her, und inzwischen habe ich mir viele Wünsche erfüllen können, darf lesen, solange ich will, besitze den heiß ersehnten Hund (einen großen) und müsste eigentlich neidfrei und dankbar durch die Welt spazieren.

Aber Neid scheint immer zeitversetzt zu arbeiten. Nicht die erfüllten Wünsche von damals stillen den Neid, sondern neue Mängel brechen auf, weil es eben nie genug ist und ich nun zwar den Hund habe, aber nicht den besten Platz im Verlagsprogramm, und wenn ich den habe, dann fehlt die Einladung zur Talkshow, bei der die Kollegin schon wieder sitzt und Dinge sagt, die ich auch sagen könnte, und so knabbert sich der Neid durch die Jahre und lässt sich nicht ausrotten.

Obwohl es ja schon besser geworden ist. Auf keinen Fall

will ich eine dieser neidischen, gelblichen, ewig bitteren Gestalten werden, die über den Gartenzaun in den Schrebergarten nebenan starren und die prächtigen Zucchini der Nachbarn kleinreden. Das unstillbare Gefühl, uns würde etwas weggenommen, kann ja gnadenlos erhöhte Zäune zwischen Gärten und allen weiteren Territorien zur Folge haben. Lieber wären mir gelassene Zeitgenossen, die aus der Fülle heraus freundlich auf das Glück anderer schauen.

Auch ich möchte dazugehören und mich begnügen mit dem, was mir zur Verfügung steht, und wenig ist das beileibe nicht. Das sage ich auch meinem Neid, wenn er sich wieder mal einschleicht. Nur hat er leider ein sehr schlechtes Gehör, eine wieselhafte Raffinesse im Aufspüren von verborgenen Mängeln und einen giftigen Zahn, mit dem er die schöne Gelassenheit immer wieder anknabbert. Gesellschaftlich steht er gut da. Konkurrenz belebt das Geschäft, glauben wir, und der stille Gärtner, der jeden Morgen dem Oleander die Blätter putzt, ohne das grünere Gras auf der anderen Seite des Zauns überhaupt zu sehen, steht nicht hoch im Kurs.

Mein Neid dagegen schielt nach links und rechts und vor allem nach oben: Wer steht auf der Treppe eine Stufe über mir? Wer hat das Siegertreppchen vor mir erklommen? Wer hat mehr zu sagen als ich? Wer fliegt höher und springt weiter?

Neulich bei einem Familientreffen musste ich mir sogar eingestehen, dass der Neid auch dort sein Unwesen treibt. Ich weiß nicht, wieso ich jemals gedacht habe, die Familie sei eine Schutzzone, in der sich alle alles gönnen und sich von Herzen füreinander freuen, wenn es mal rundläuft.

Nicht allen gelingt eben das Leben gleichermaßen, und in dem Café, in dem wir beieinandersaßen, sortierten sich die weitläufigeren Verwandten rasch in entsprechende Grüppchen: die Beneidenswerten und die latenten Neider. Wo sollte ich mich hinsetzen? Über der gedeckten Apfeltorte und den Cappuccinotassen hing der Neid wie ein Giftgasgemisch. Und gleich kamen die Geschichten in Gang. Ich bekam erzählt, mit welch fragwürdigen Methoden der reiche Cousin dort drüben zu Wohlstand gekommen sei, für welche Albernheiten seine Frau das Geld maßlos verschleudere und ob man ein herausgeputztes Ferienhaus in den Alpen denn wirklich brauche. Diese Frage konnte ich nicht beantworten, verspürte aber, weil Neid ansteckend ist, plötzlich auch den heftigen Wunsch nach einem Ferienhaus, vielleicht nicht in den Alpen, aber es gibt ja genug andere schöne Ecken, und warum hat dieser Cousin ein solches Haus, wie kommt er überhaupt dazu? Unsere Stimmen waren schrill geworden und unsere Geister kleinmütig. Was für ein armseliges, kleinmütiges Trüppchen, dachte ich plötzlich. Ich erhob mich, atmete tief durch und ging zu dem reichen Cousin hinüber, um ihm die Hand auf den Arm zu legen.

»Gratuliere«, sagte ich warmherzig.

»Wozu denn?«, fragte er erstaunt.

»Endlich ist dein Traum wahr geworden«, sagte ich feierlich, und das fühlte sich befreiend und großmütig an, »und ich wollte dir nur sagen, dass es mich von Herzen freut.«

»Du meinst das Häuschen in den Bergen?«, fragte er. »Ach, das konnten wir uns doch nicht leisten, weißt du. Aber ich habe gehört, ihr hättet euch einen Hund angeschafft?«

Gut gerüstet

〜〜〜〜 Ich bin bestens ausgerüstet. Man könnte auch sagen, bis an die Zähne bewaffnet. Oder in voller Montur. So wie alle um mich herum auf diesem Wanderausflug, der eigentlich ein erlebnispädagogisch aufgemöbelter Elternabend ist, sich aber mit Grillen, Geocaching und anderen freizeitrelevanten Höhepunkten eine verlockende Verkleidung übergestreift hat. So wie ich haben sich viele andere Eltern einen Ruck gegeben, samstags greifen die meisten Ausreden nicht, und es ist ja auch schön, sich gegenseitig besser kennenzulernen und die Kinder als soziale Wesen zu erleben. Nur sehen diese Eltern völlig anders aus als abends im Klassenzimmer, wo ich sie frisch von der Arbeit und mit gezücktem Smartphone erlebt habe, straff die Tagesordnungspunkte abhakend, oder erschlafft nach einem langen Tag, durchgesessen und entscheidungsmüde. Hier nun wirken wir verjüngt und aufgekratzt, und das liegt an unserer Verkleidung.

Fast alle haben sich zweckmäßig in Schale geworfen; Funktionskleidung ist ein zu karger Begriff für das, was uns leuchtend umhüllt. Es gibt Jacken in den feinsten Schattierungen, mit flauschigem Vliesfutter, Softshell, atmungsaktiv, geruchsfrei und schmal geschnitten. Hosen: alle Modelle zwischen Joggen, Walken, Marathon, Cross-Country und Kniebundhose. Auch was die Schuhe angeht, kann man nur staunen. Früher besaß ich zum Wandern Lederschnürschuhe, die regelmäßig eingefettet werden mussten, und ein Paar Gummistiefel. Inzwischen habe ich natürlich auch längst die airgepolsterten ultraleichten Exemplare, mit denen ich sowohl durch Moor als auch über alpine Höhenkämme laufen könnte. Ich tue das selten; auch das verbindet mich mit meinen Mitwanderern. Wir hängen alle nicht ständig im Basiscamp des Himalaja oder auf dem Steinzeitlager in der Lüneburger Heide herum. Aber wir könnten.

Das ist ja das Gute an guter Ausrüstung. Alles ist möglich, verspricht sie, nichts wird uns unvorbereitet treffen. Sogar die Kräfte der Natur könnten wir uns vom Leibe halten, solange es sich nicht um stärkere Erdbeben oder Blitzschlag handelt. Im Grunde sind wir praktisch unverwundbar. Allein schon dafür lohnt sich die teure Ausrüstung. Außerdem macht es einfach mehr Spaß, das Geld nicht nur in Dinge zu investieren, die in Innenräumen herumstehen – da sieht sie ja auch keiner. Sondern eher in Dinge, die mich verwandeln und mir ein paar Stunden lang eine Ahnung davon schenken, was ich auch sein könnte: eine toughe Kletterin! Ein freies, starkes Naturmädchen. Eine Wildnisexpertin. Jedenfalls ist das die Verheißung hier draußen, in der harzigen Luft des Waldes, umgeben von einem unternehmungslustigen Rudel. Wir haben uns diese Verwandlung einiges kosten lassen, und dass man uns schon von Weitem als Gruppe erkennt, macht uns stolz und erleichtert das Kennenlernen.

Die Kinder dagegen, um die es bei diesem Ausflug ja auch

gehen soll, sind mangelhaft ausgerüstet. Die meisten haben sich erfolgreich gegen die Ausstattungsversuche ihrer Eltern gewehrt. Nein, sie wollen keine dummen Regenjacken in hässlichen Farben. Und auf gar keinen Fall Wanderschuhe. Weil sie nämlich sowieso dagegen sind. Sie hatten ja einen Ausflug in den Freizeitpark vorgeschlagen, und wenn sie nun schon wandern sollen, dann gern in Espadrilles mit Strohsohle oder irgendeinem anderen Modell ohne Fußbett. So wie damals.

Wenn wir früher einen Familienausflug machten, hatte meine Mutter natürlich ihre Handtasche dabei. Trinkflaschen waren noch nicht erfunden, und auf die Idee, wasserabweisende Kleidung mitzunehmen, kam auch niemand; sie galt als unförmig, und mein Vater hatte ja seinen Regenschirm zur Hand.

Damals ging man ja auch Ski fahren, indem man sich zwei Bretter unter die Schuhe schnallte und bergab fuhr. Entspannen tat man zu Hause, indem man die Krawatte auszog und ein Bier trank. Heute gibt es zum Rumhängen home clothing, vor allem Yogahosen mit Gummibund und weiche Socken. Die Gartenfreunde können sich mit gepunkteten Gummistiefeln, blitzenden Edelstahlhacken, duftendem Ingwer-Mückenspray und Arbeitshandschuhen aus Schweinsleder heiter einstimmen auf den Kontakt mit der Natur.

Gute Dinge erfreuen mich zutiefst, auch wenn ich das ungern zugebe. Sie müssen weder besonders teuer noch besonders angesagt sein. Dinge, die sich jemand ausgedacht hat, der ganz genau um das Glück der passenden Ausstattung weiß, als kenne dieser kluge Erfinder meinen Alltag, der mit so vielen kleinen Widrigkeiten aufwartet. Pfiffiges Design, praktische Schönheit und eben genau dieser Schlüsselring in der Vordertasche meines neuen Rucksacks, der mir schon immer gefehlt hat. Mit diesem Rucksack kann ich in der Welt nicht mehr verloren gehen.

Der Wunsch, gegen alles gewappnet und für alles bereit zu sein, paart sich bei mir mit dem Wunsch nach Zugehörigkeit. Wenn ich die Hundepfeife aus Hirschhorn um den Hals trage, weiß jeder, der einen Blick dafür hat, wofür mein Herz schlägt; und wenn ich mit meiner Geige auf dem Rücken durch die Stadt radele, scheinen plötzlich die Straßen voller Musiker zu sein. Überall sehe ich sie, mit ihren Kästen und Hüllen, und wir gehören zusammen, ein verschworenes Völkchen.

Dazu gehört auch, sich durch den Kauf eines Kostüms selbst klare Konturen zu verleihen. Man kennt das doch von Karneval. Die Feder im Haar, die Flügel auf dem Rücken oder die Fransen an der Hose konnten mich früher im Handumdrehen in eine andere Geschichte tragen. Nichts anderes tue ich jetzt, nur dass ich schneller zwischen verschiedenen Geschichten hin und her springen muss, fliegender Wechsel, gut, dass ich so viele Kostüme habe. Und diejenigen, die nicht mitmachen? Deren Verkleidung besteht dann eben darin, sich nicht zu verkleiden. Damit sind sie allerdings nicht allzu gut ausgerüstet. Wie wollen sie im Leben bestehen? Und wie kommen sie darauf, sie könnten sich selbst genügen? Irgendjemand müsste denen wirklich mal eine gute Ausrüstung spendieren.

Das Wunder im Kopf

~~~~~~~~~~ Seit einigen Wochen trage ich auf dem Rad immer einen Helm. Dass er mir die Haare zerdrückt und den Fahrtwind vorenthält, ist mir egal, im Gegenteil: Am liebsten würde ich auch sonst einen tragen. Schließlich könnte mir ein Dachziegel auf den Schädel fallen oder eine Drohne, oder eine Krähe könnte einen Kiesel auf mich herabschleudern. Man kann ja gar nicht gut genug aufpassen auf den kostbaren Schatz, den wir da zwischen unseren Schultern tragen.

Unter einer dünnen Schale aus Knochen, eingelegt in ein wenig Flüssigkeit, pulsiert da ein Wunder, in das ich mich regelrecht verliebt habe: mein Gehirn. Ich musste mich für ein Projekt ein wenig damit beschäftigen. Immer noch habe ich keine Ahnung, wie diese komplexe Kommandozentrale hinter meinen Augen funktioniert, aber so viel weiß ich inzwischen: Ohne sie wäre ich nichts.

Wenn etwas dort oben zerbricht oder zerplatzt, ist alles, was ich immer für selbstverständlich gehalten habe, zerstört: Sprache, Bewegung, Gedächtnis. Wie bei meiner alten Professorin, die lange Zeit nicht mehr sprechen konnte, weil der Schlag sie getroffen hatte. Ratlos saß sie mit der Zahnbürste auf der Kante ihres Klinikbettes und wusste nicht, was sie damit anfangen sollte. Ihr Mann, der ihr früher die Koffer getragen und – wie wir alle – ihre sture Klugheit und ihre geradlinigen Fragen bewundert hatte, schob ihr die Zahnbürste in den Mund und ging mit ihr durch den Raum: Dies ist ein Fenster. Das ist ein Telefon. Ein Jahr später trat sie wieder auf, und all ihre Schüler versammelten sich erleichtert zu ihrem Vortrag und feierten ihre Zähigkeit. Sie hatte sich nicht kleinkriegen lassen, da stand sie doch ganz wie immer in ihren schweren Schuhen und ihrem langen altmodischen Rock, die Hände in die Hüften gestemmt, auch ihre Stimme wieder so laut wie früher, und die Hand, die die Blätter hielt, zitterte nicht. Dass ihr Mann in der ersten Reihe saß, den Vortrag halblaut mit ihr murmelte und wie eine Souffleuse leise aushalf, wenn sie in der Zeile verrutschte, schien niemanden zu stören. Ich saß in der letzten Reihe und fing, während ich der vertrauten Stimme zuhörte, leise an zu heulen. Ich weinte, weil dies nicht mehr meine zähe, kämpferische Professorin war, der ich nachgeeifert hatte, die auf mich stolz war und ich auf sie. Und ich weinte auch, weil alle so taten, als sei sie es noch. Sie musste geübt haben, wochenlang diesen Vortrag geübt haben mit ihrem Mann, der sie zurück ins Leben trainiert hatte. Und als sie fertig war und alle donnernd applaudierten, wusste jeder, dass man keine Fragen stellen durfte. Sie hätte nicht antworten können. Hinterher ging ich zu ihr, um ihr zu danken; da nahm sie meine Hand mit demselben festen Griff wie früher, drückte sie und sagte: »Wissen Sie, was ich hier tun soll? Ich weiß es nicht.«

Inzwischen frage ich mich, wo das, was ich für mich selbst halte, überhaupt steckt – hinter den Augen, in der Brust, wo es manchmal so wehtut, wenn ich traurig bin, oder in welchem Teil meines dauerfunkenden, rastlos arbeitenden Gehirns? In den Fachbüchern leuchten seine Areale wie ausgedachte Landschaften, schartig und gewölbt, gefurcht und fremd.

Neulich in der Bahn las ich in meinem Hirnatlas, während mir gegenüber ein Mann mit einem schiefen Gesicht saß. Seine dicken Lippen bewegten sich fortwährend; seine Augen schauten unter wulstigen Lidern in verschiedene Richtungen, und seine Finger wanderten unruhig auf dem Tisch zwischen uns hin und her. Als der Kontrolleur kam, streckte er ihm blitzschnell, als hätte er darauf gewartet, die Karte direkt unter die Nase. Der Schaffner lachte: »Sie haben es ja eilig!« Dann sah er den Stempel auf der Karte: »Aber die haben Sie doch schon gezeigt!« Der Mann fing an, sich zu entschuldigen, und als der Schaffner längst weitergegangen war, murmelte er immer noch vor sich hin, wie leid es ihm tue, es sei ein Versehen, das hätte ihm nicht passieren dürfen. Ich wollte ihn erlösen. »Ach«, sage ich, »das kann doch jedem passieren, das macht doch gar nichts.« Er hörte auf zu murmeln und starrte mich an. Dann zog er sein Handy heraus, drückte auf das Display und hielt es mir dicht vor die Augen, so wie eben die Fahrkarte dem Schaffner.

»Matterhorn«, sagte er. Nun erkannte ich es. Dort war ich noch nie. »Waren Sie da im Urlaub?«, fragte ich. Er nickte. »Schön, oder? Waren Sie denn auch ganz oben?«

Darauf antwortete er nicht. Ich wartete ein Weilchen, dann beugte ich mich wieder über mein Buch. Eine Weile später klopfte er mit den Fingern auf den Tisch, dass ich hochfuhr. »Erste Sahne«, sagte er. »Matterhorn: allererste Sahne.«

Ich sah mir die Bilder in meinem Buch an, der Kortex wie ein nacktes Gebirge, dort war ich noch nie. Ich weiß nicht, ob der Mann dort oben war, auf dem Matterhorn, egal, völlig egal, und auf jeden Fall ist es erste Sahne, dachte ich. Als er aussteigen musste, packte er langsam seine Sachen in eine faltige braune Tasche aus Kunstleder und schlurfte davon, ohne sich zu verabschieden, als hätte er mich längst vergessen.

Wenn ich nicht mehr wüsste, was eine Zahnbürste ist, wäre ich dann noch ich? Oder wenn ich meinen Sitznachbarn vergäße, sobald ich ihn nicht mehr sehe?

Werde ich gefragt, wer ich sei, antworte ich oft mit meinem Beruf. Das ist ein Satz, den zu sagen ich gelernt habe: Ich bin Schriftstellerin. Ein Satz, so scheint es mir, den ich mir verdient habe. Aber wenn ich, etwa infolge einer Parkinsonkrankheit, nicht mehr schreiben könnte, wer wäre ich dann? Wenn eine winzige Schädigung in der Substantia nigra, eine Zellveränderung, das Ausbleiben feiner elektrischer Impulse, mir dieses Schreiben mit einem Schlag wegnähmen? Wer würde mich wie lange noch und woran überhaupt erkennen?

Ich kann mein Hirn nicht in Watte einpacken. Aber ich habe gelernt, es maßlos zu bewundern. Und wenn es irgendwann doch einen Riss bekommen sollte, kann ich nur hoffen, dass mich trotzdem jemand mitnimmt auf das Matterhorn. Und mir den Arm um die Schulter legt, die auch zu mir gehört. Auch wenn ich das dann vielleicht nicht mehr weiß. Das wäre wirklich erste Sahne.

Schmerz

Hunde jaulen erst dann, wenn es sehr, sehr wehtut. Wenn sie es wirklich gar nicht mehr aushalten. Vorher leiden sie leise vor sich hin, lecken sich vielleicht still und heimlich die schmerzende Stelle oder hören auf zu fressen. Manche legen sich auch nah zu ihren Menschen, man könnte also schon merken, dass es ihnen nicht gut geht. Aber nur, wenn man besonders darauf achtet. Kein Hund würde jemals Laut geben, nur weil seine Pfote brennt oder sein Magen krampft.

Ich kenne Menschen, die ähnlich dichthalten. Entweder weil sie Schmerz nicht zeigen wollen oder nicht können. Meine Mutter, geplagt von bohrenden chronischen Schmerzen, hielt sich aufrecht und bot dem Leid die Stirn, indem sie so tat, als wenn nichts wäre. Man könnte es Tapferkeit nennen oder auch Maskerade; jedenfalls sollte ihr niemand vom Gesicht ablesen können, wie es um sie stand. Wir wussten es ja, aber wir vergaßen es tatsächlich oft genug, weil sie scheinbar unverdrossen durch den Tag ging. Nur ihre Finger waren immer verkrampft, weiß vor Anspannung, als habe sie den Schmerz in der Hand und dürfe keinen Moment loslassen, sonst könnte er sie beherrschen. Und es gab Momente, in denen sie erschöpft am Küchentisch saß und mit leerem Gesicht vor sich hin schaute. In solchen Augenblicken entglitt ihr die Kontrolle, die Gesichtszüge zeigten, wie es um sie stand, und das konnten wir nicht ertragen. Wir störten sie, nervten oder fragten sie irgendetwas, mit möglichst lauten Stimmen, um den Schmerz zu verjagen. Es half immer, sie richtete sich auf, schaute uns an, alles war wieder in Ordnung, sie war der Dompteur, und der Schmerz zog den Kopf ein.

Es war klar: So stark wie meine Mutter war niemand. Gleichsam in die Knie gezwungen von ihrer eisernen Willensstärke habe ich dem Schmerz von jeher Tür und Tor geöffnet. Schon der kleinste Stich, ein feiner Schnitt, Ratscher oder Splitter versetzte mich als Kind in helle Panik. Wenn ich jaulend zum nächsten Erwachsenen rannte, um getröstet zu werden, gab es natürlich ein Pflaster, eine Limo und Zuspruch, aber zugleich lag eine leise Verachtung in der Luft. Wenn ich schon bei solchen Nichtigkeiten derart ausrastete, wie würde ich den größeren Peinigungen des Lebens standhalten? Wie stellte ich mir das denn vor, wenn ich ernsthaft krank würde? Wenn ich ein Kind auf die Welt bringen oder mir den Kopf einschlagen würde? Ganz zu schweigen von bedrohlicheren Schmerzen, die sich am dunklen Horizont des Erwachsenenlebens abzeichneten. Niemand sprach davon. Aber ich ahnte: Da kam noch einiges auf mich zu, und ich sollte mir lieber etwas von der Haltung meiner Mutter abschauen, als allen die Ohren vollzujammern.

So ist es auch gekommen. Wenn es wirklich wehtut, halte ich den Mund und rolle mich still in einer Ecke zusammen. Wenn es nicht ganz so wehtut, dann allerdings wird gejault.

Als ich mir letzten Sommer einen Wespenstachel in den Fuß getreten hatte und die Ärztin ihn mit einer Pinzette entfernen wollte, krümmte ich mich dermaßen panisch unter ihrer Hand weg, dass sie irgendwann aufgab. In ihrem Blick lag die leise Verachtung, die ich ja schon kannte. Lieber Himmel, konnte ich mich nicht ein bisschen zusammenreißen? Es gab nun wirklich Schlimmeres unter der Sonne.

Bis heute bin ich im Umgang mit Schmerz keine Expertin geworden. Es ist ja sowieso beinahe unmöglich, sich anderen frei und ehrlich zu zeigen. Mit einer Wunde wird alles noch komplizierter. Wer Schmerz zeigt, erwartet Trost – aber nicht jeder ist ein begnadeter Tröster, und nicht immer kann Trost gelingen. Manchmal sind die Trostreserven erschöpft und wir zu sehr damit beschäftigt, die eigenen Schrammen zu lecken. Oder wir sind einfach ausgetrocknet, und Mitgefühl verwelkt schon, bevor wir überhaupt Worte dafür finden können.

Nicht in jedem Moment kann ich Ehrlichkeit und Wärme in meine Worte legen. Es gibt Tage, an denen finde ich alles, woran die anderen so leiden, halb so wild, gemessen an den wirklich schlimmen Katastrophen. Gezerrter Nacken, gebrochener Knöchel, gekränkte Seele, Gürtelrose – gut, aber wir leben noch. Zähne zusammenbeißen, das Leben geht weiter, du wirst daran wachsen. Das sage ich natürlich nicht. So tun, als ob – aber nichts brennt schärfer als falscher Trost.

Ach, die Sprache.

Tröstende Worte – ein Kapitel für sich. Entweder sie sind zu groß oder zu klein. Was um Himmels willen sage ich der Freundin, deren Kind schwer erkrankt ist? Muss ich nicht vielmehr verstummen im Angesicht großen Leids? Und bei kleinem Leid – ein flotter Spruch, ein warmherziger, aber leicht ungeduldiger Kommentar?

Es gibt aber auch Tage, an denen dringt der Schmerz der anderen in mich ein, als sei ich aus porösem Material. Tage, an denen ich in fremden Gesichtern Leid finde, in der Straßenbahn, beim Einkaufen – was sind das für Geschichten, überlege ich dann, was schreibt sich in die Gesichter ein? Fast ist es dann so, als verliere meine Haut ihre elefantenhafte Abwehrschicht. Ich spüre den brennenden Körper der alten Frau, das wattige Pochen im Hirn des müden Mannes, der seinen Kopf an die Scheibe lehnt. Das wunde Ziehen, wenn ein Kind am Rand der Gruppe steht und nicht mitmachen darf. So viele Arten von Schmerz, und das allein im engen Radius meines Blicks. Es ist wie ein Chor, den ich an manchen Tagen hören kann und dann ertrage.

Ich könnte hingehen. Beistand ist ein Wort, das aus der Mode gekommen ist. Einfach in den Arm nehmen, raten mir meine Freunde. Trost ausstrahlen. Hand auf die Schulter legen. Zeigen, dass du da bist. Sprechen ist eben auch nicht alles.

Dann muss ich mich mit meinen körperbetonten Freunden streiten. Ich glaube ihnen nämlich kein Wort. Sprechen ist vielleicht nicht alles, aber ohne Worte lässt sich Schmerz nicht umzingeln. Und wegstreicheln schon gar nicht. Wir sind keine Hunde, sage ich ihnen. Wir können nicht allein in der Ecke liegen und hecheln. Wir brauchen Sätze, versteht ihr? Und wenn es dann dunkel ist in uns, müssen wir diese Sätze herausholen und uns damit den Fluchtweg ausleuchten. Was hilft mir eine Umarmung, sage ich ihnen, wenn ich noch nicht einmal weiß, wie sie gemeint ist? Dann hören sie auf zu streiten und umarmen mich.

Keine schlechte Strategie, wenn keiner recht hat.

Vom Streiten

Streiten ist eine Kultur, sagen meine erfahrungsgesättigten Freunde, die ständig streiten, jeder im Stadtteil ist Zeuge ihrer ohrenbetäubenden Zusammenstöße. Sie schreien aus Leibeskräften, mal beide gleichzeitig, mal abwechselnd; auch höhnisches gellendes Lachen dringt durch die doppelt verglasten Fenster, manchmal zerschellen Gegenstände, dumpfe Aufprallgeräusche, Splittern und Reißen. »Seid ihr sicher?«, habe ich neulich nachgefragt. »Doch, doch«, riefen sie und nickten sich zu, stolz auf ihre mühsam gepflegten Gemeinsamkeiten und Übereinkünfte. »Du musst es eben üben! Es bringt weiter, es öffnet, es löst, du brauchst nur die richtigen Rituale, die passende Sprache.« Ich musste ihnen glauben, denn sie waren Verbündete, ihre Finger berührten sich, und nirgends auf ihrem Küchenboden sah ich Scherben oder Fetzen. Der Haushalt wirkte geläutert und aufgeräumt, alles weggewittert und rausgestürmt.

Ich dagegen bin Analphabetin im Streiten. Immer noch. Ständig stoße ich auf Leute, die sich mit mir anlegen wollen. »Das sind eben alles Herausforderungen«, erklären mir meine durchtrainierten Streitexperten, »Gelegenheiten, verstehst du? Du kannst daran wachsen.«

Ich wachse aber nicht, sondern schrumpfe. Das ist es ja.

Vorgestern: Achim, Teilnehmer einer meiner Schreibkurse, hatte knurrend eine Klärung gefordert. Was er klären wollte, war mir nicht klar. Aber so nennen Streithähne gern ihre Attacken. Ich stellte uns also Kuchen hin und lud ihn zum Gespräch. Wir bissen in unseren Kuchen und kauten ein wenig und plauderten, und dann, zwischen zwei Bissen, lächelte er mich böse an und schleuderte mir eine Unverschämtheit an den Kopf. Ich saß ihm harmlos gegenüber, wischte mir Krümel vom Kinn und lächelte zurück. Es dauerte eine Weile, bis ich den Angriff überhaupt bemerkte. Auch dann hielt sich das Lächeln noch eine Weile in meinen Mundwinkeln, bis sich auf einmal eine Kälte in mir breitmachte. Da hatte also dieser Achim etwas gegen mich in der Hand. Aber was hatte ich getan? Ich sank etwas in mich zusammen und erforschte mein Gewissen. Währenddessen hatte sich Achim längst die Ärmel hochgekrempelt, die Waffen bereitgelegt und den nächsten Angriff strategisch vorbereitet. Ich versuchte es mit Beschwichtigung.

»Weißt du, ich denke, du hast etwas missverstanden«, murmelte ich und suchte in seinen Augen nach Wärme und Nachgiebigkeit. Er rückte auf seinem Stuhl nach vorn, schob seinen Teller zur Seite und sah mir direkt ins Gesicht.

»Und weißt du, was ich denke? Ich denke, du willst dich rausreden.«

Recht hat er, dachte ich und schrumpfte weiter. Ich wollte mich aus diesem Streit herausreden, bevor er überhaupt angefangen hatte, ich wollte mich wegdenken und davonstehlen. Die Russen wollen die Krim? Die Deutsche Bahn will mehr Geld? Der Veranstalter hat das Honorar gesenkt?

Nichts wie weg. Dabei soll ich doch wachsen und lernen und für etwas einstehen. Gut, dachte ich, also probiere ich es.

Ich richtete mich auf, straffte die Schultern und stellte beide Füße nebeneinander auf den Boden. (»Ja, genau so«, würden meine Streitexperten jubeln.) Ich schaute dem Angreifer zwischen die Augenbrauen (»Ja, genau!«). Ich atmete in die Körpermitte (»Richtig!«). Schon war ich drei Zentimeter gewachsen (»Siehst du?«).

Mit tiefer Stimme und sehr deutlich (»Ja! Geht doch!«) sagte ich: »Achim.« Weiter nichts. Achim schüttelte unwillig den Kopf, den er mir schon kämpferisch entgegengereckt hatte. Seine Finger spielten auf der Armlehne. Ich musste nun nachlegen! Drauflosstreiten! Aber mir fiel einfach nichts mehr ein. Das leise Trommeln seiner Fingerkuppen klang wie sanfter Regen. Im stillen Raum hörte ich nun auch seinen Atem, ein leises Schnaufen. Ich wusste nicht mehr, was ich zu sagen hatte. Frieden, wollte ich sagen, aber ich hielt einfach den Mund und schaute auf die Tischplatte, die sich zwischen uns erstreckte wie ein Feld aus altem Schnee.

So saßen wir ein bisschen, schnaufend, mit den Fingern trommelnd und schweigend. Dann stieß er aus: »Mit dir kann man einfach nicht streiten!« Mit einem Stoß schob er den Stuhl nach hinten, sprang auf und war weg.

Ich stand langsam auf und öffnete das Fenster. Draußen hörte ich das grelle Streiten der Spatzen. Alle können es, nur ich nicht, dachte ich und spürte, wie sich Frieden auf mich senkte. Ich nahm den Kuchenrest, zerbröselte ihn zwischen den Fingern und schleuderte ihn den Spatzen aufs Fensterbrett.

Die Zeit steht still

〜〜〜〜 »Schreib deinen Namen, sonst bist du dumm.«
Der Zug zurück nach Hause ist voll; schräg vor mir sitzt eine
kleine Familie um den Tisch verteilt. Eine Weile waren sie
ruhig, aber nun fangen sie an zu reden, und bald kann ich
nicht mehr weghören.

»Das kann jedes Kind. Aber wirklich jedes. Nur die ganz,
ganz Dummen nicht.«

Ich starre durch die Lücke zwischen den Sitzen. Ein
kleiner Junge, vielleicht fünf, blass und mit zu kurz ge-
schnittenem Haar, malt Buchstaben auf ein Stück Papier.
Er presst den Stift mit durchgedrücktem Zeigefinger auf
das Blatt, so fest, dass es beinahe zerreißt. Die Mutter hält
sich eine Zeitschrift vor das Gesicht, lässt aber zugleich den
Blick nicht vom Jungen; der Vater starrt auf sein Handy und
schüttelt ab und zu den Kopf, als könne er seine Empörung
nur mühsam in Schach halten.

»Guck«, sagt der Junge schließlich und hebt gespannt den
Kopf. Ich beuge mich etwas vor und hoffe einfach nur das
Beste. Der Vater legt das Handy zur Seite und krempelt sich
die Ärmel hoch. Die Mutter rückt die Lesebrille zurecht
und lächelt spöttisch – oder vielleicht auch nur freundlich,
ich kenne sie nicht, wie kann ich mir anmaßen, ihr Lächeln

festzulegen wie ein Insekt im Bestimmungsbuch. Der Junge rutscht auf dem Sitz herum, während er den Eltern das Blatt hinüberschiebt.

Eine ungute Erinnerung streift mir durch den Kopf, dann noch eine und noch eine, ich mit sieben oder acht: der durchdringende Blick meiner Geigenlehrerin, meine kalten, verschwitzten Finger rutschig auf dem Griffbrett, der Bogen zitternd in der rechten Hand. Oder der Sprung von der Betonmauer an der großen Baustelle, alle hatten ihn gewagt und waren sicher mit beiden Beinen im Kieshaufen gelandet. Nur ich stand noch als Letzte dort oben, verschwitzt und bang, der Kies war so weit unter mir wie ein anderes Land, ich würde mir die Beine brechen und den Kopf aufschlagen. Die anderen stießen sich an, triumphierend riefen sie mir zu: »Das kann doch jedes Baby!« Oder die Fahrt mit dem Kollegen meines Vaters, der mich irgendwohin brachte. Er fragte mich nach der Schule, und etwas an meiner Antwort gefiel ihm nicht, jedenfalls zuckten seine Lippen verächtlich, und ich war mir sicher, etwas furchtbar Falsches gesagt zu haben, ich wusste nur nicht, wie ich es wiedergutmachen könnte. Den Rest der Fahrt schwieg der Kollege, drehte das Autoradio laut, zwischendurch gähnte er. Wahrscheinlich hatte er vergessen, dass ich auch im Auto war. Oder es war seine Strafe für das, was ich falsch gemacht hatte, was auch immer es war. Als er mich absetzte, gab er mir die Hand und trug mir Grüße auf, und in jedem Wort verbarg sich Spott, da war ich ganz sicher.

Der Vater zieht das Blatt zu sich hin und runzelt die Stirn. »Und das soll dein Name sein? Machst du Witze?« Der Junge lässt den Stift fallen und presst sein Gesicht an die Scheibe.

»Und was ist da draußen so spannend?«, hakt die Mutter nach und dreht ihn an den Schultern zurück zum Papier. »Hier spielt die Musik.« Steif wie ein Püppchen nimmt der Junge den Stift, beugt sich wieder über das Blatt und versucht es noch einmal. Diesmal lassen beide Eltern keinen Blick von ihm.

»Fünf Buchstaben«, murmelt der Vater angewidert, »das wird er ja wohl hinkriegen.« »Sonst kann er nicht in die Schule«, sagt die Mutter zum Vater, »die Dummen müssen im Kindergarten bleiben.« Da fängt der Junge an zu schluchzen. Mit dem Stift in der Hand starrt er auf die verunglückten Buchstaben. Egal was er tut, es kann nur falsch sein, er sitzt in der Falle.

Und ich, geschützt von den Sitzen zwischen uns, verharre unentschlossen auf meinem Beobachtungsposten. Mein Puls: hoch. Meine Fäuste: geballt.

Andere Umsitzende haben mitgehört, Blicke schweifen, Zeitungen sinken. Die Falle ist größer, als ich dachte. Auch die Eltern und die Zuschauer hocken darin fest. Innerhalb weniger Sekunden ist ein kompliziertes Gewebe aus Scham, schlechtem Gewissen, Hilflosigkeit und Macht entstanden, und keiner rührt sich, ich am allerwenigsten.

Die Zeit scheint stillzustehen. Die leisen Bewegungen des Zuges lassen den Buntstift auf dem Tisch vibrieren. Immer noch sitzt der Junge leise weinend zwischen seinen Eltern und wartet auf Erlösung. Wenn ich aufspringe und die Eltern anklage, wird es ihn nicht von ihnen befreien. Wenn ich sitzen bleibe und schweige, bin ich eine von denen, die nur zuschauen. Wenn ich mich ganz woandershin wünsche, bin ich feige.

Hilfe suchend schaue ich mich um und überlege mit klopfendem Herzen hin und her, was dem Kind helfen könnte und wie leicht ein Mensch gebrochen werden kann und wo denn bloß mein Mut bleibt und was ich in einer Diktatur tun würde, wenn ich schon in der Deutschen Bahn versage. Zugleich klopft eine Horde Ausreden an: Es hat ihn ja niemand geschlagen, ich habe kein Recht, diese Eltern zu verurteilen, ich habe gut reden, ich kann gar nichts ausrichten, sie werden sowieso alles an ihm auslassen.

Währendessen ist die Schreibstunde vorangeschritten. Der Junge liefert seinen vierten oder fünften Versuch ab. Und mit einem Mal bricht Jubel aus. Der Vater klopft dem Jungen strahlend auf die Schulter. »Na siehste! Jetzt hast du es raus! Einfach mal dranbleiben, dann klappt es auch!« »Jetzt kannst du ja doch in die Schule«, lacht die Mutter und streicht ihm über den Schopf. Der Junge sieht erhitzt aus. Das Blatt mit seinem Namen würdigt er keines Blickes mehr. Er lehnt sich an seine Mutter und atmet tief durch, als hätte er einen Berg erklommen.

Als ich aussteige, sitzen sie noch da. Der Junge räumt friedlich eine Haribo-Tüte aus und wieder ein, die Eltern dösen vor sich hin. Auf dem Tisch liegt immer noch der Zettel mit dem schief gemalten Namen. Ich versuche, ihn zu entziffern, aber die Buchstaben stehen kopf, und hinter mir drängen die anderen.

Lob der Langeweile

~~~~~~ Mir ist langweilig«, jammert meine kleine Tochter, »langweilig, langweilig. Was kann ich mal machen?« Ich mache ein paar gut gemeinte Vorschläge (mal doch was, lies doch was, spiel doch mit Lili, geh doch raus). Schlecht gelaunt winkt sie ab, dreht und windet sich auf dem Sofa, als säße ihr die Langeweile im Körper wie ein Muskelkater oder eine Erkältung. Sonst liegt sie manchmal stundenlang dort, eingewickelt in eine gemütliche Wolldecke, ein Buch vor der Nase, völlig einverstanden mit sich und dem weichen, alten Sofa. Aber an diesem Nachmittag zappelt sie herum, schleudert das Buch zur Seite, schiebt ein Spiel hin und her und langweilt sich. Notgedrungen überlasse ich sie ihrer Langeweile, denn ich muss hoch an den Schreibtisch, und es gibt kein Entrinnen. »Ich wünschte, ich könnte mich mit dir langweilen«, rufe ich noch nach unten.

Und während ich zu arbeiten versuche, wünsche ich es mir immer mehr. Ja, ich habe Sehnsucht nach Langeweile. Wie schön muss das sein, herumzuhängen und zu gähnen, nichts zu erledigen, nichts abzuarbeiten, keine Pläne und keine Vorhaben, niemand wartet auf mich und niemand will was von mir, noch nicht einmal der Zipfel einer Idee weit und breit in Sicht. Sich strecken und gähnen, die Finger knacken lassen, ein bisschen unzufrieden sein, aber in Maßen – und dann vielleicht sich hineindösen in einen leeren, lauwarmen Nachmittag. Langeweile klingt in meinen Ohren, in denen Gespräche und Termine, Wörter und Listen summen, wie Urlaub. Ein langweiliger Tag: wie ein Glas Wasser, eine Gurke ohne Salz, ein Strand ohne Windsurfer. Einfach eine weiße leere Fläche, über die ich spazieren könnte, bis ich irgendwann hindurchgegangen wäre und ein neuer Wind weht.

Kinder haben es gut, denke ich, wenn man sie nur ab und zu in Ruhe lässt: Sie dürfen sich langweilen. Falls sie es noch können. Aber ich konnte es doch auch nie! Ich weiß ja gar nicht, was das sein soll, diese Langeweile, die ich mir wünsche. Ich bin ständig beschäftigt. Wenn es nichts zu tun gibt, dann gibt es das Nichtstun zu tun. Immer ein Geräusch zu hören, ein Wort zu schreiben, einen Ton zu singen. Meine Gedanken wollen keinen Urlaub. Wie übereifrige Hunde sind sie stets bereit für eine weitere Trainingseinheit. Natürlich machen sie Platz, wenn ich es ihnen sage. Aber zugleich haben sie alles im Blick, die Ohren zucken, der Schwanz in ständiger leichter Bewegung, sie wären sofort bei Fuß, wenn ich sie ließe. Die Langeweile ist für meine Gedanken eine Wiese, auf der sie sich hemmungslos austoben. Nur herumliegen können sie gar nicht, denn jeder Moment birgt ein mögliches Kaninchen. Kein Hund hat sich jemals gelangweilt.

Ich habe eine Weile gebraucht, um zu merken, dass nicht alle ein solches Rudel im Kopf haben. Meine Kinderfreundin Sabine konnte sich hemmungslos langweilen. Sie warf sich auf ihr Bett und starrte an die Decke, zog ihr Kaugummi zu langen Fäden und bekam einen glasigen Blick.

»Was denkst du?«, fragte ich sie. Sie drehte unendlich langsam den Kopf und murmelte:»Nichts, wieso?« Schon war ich interessiert. Nichts, was hieß das? Wie machte sie das? Oder dachte sie tatsächlich gar nicht, sondern lag nur da? Eine Weile beobachtete ich sie, dann vertrieb ich sie ungnädig aus ihrem süßen Nichts, las ihr etwas vor, auch wenn sie gar nicht zuhörte, oder machte ihr so lange verlockende Vorschläge, bis sie schließlich aufgab, sich aufsetzte und die Beine auf den Boden stellte.

»Mit dir kann man sich aber auch gar nicht langweilen.«

Ich wusste nicht, ob das als Kompliment gemeint war. Schnell warf ich ihr die Jacke zu, und dann war sie auch wieder wie immer und hatte blitzende Augen und rannte schneller als ich.

Später gab es Philosophen um mich herum, die die Langeweile verklärten. Muße als Spielfeld der Fantasie und so. Die herrliche Langeweile der Kindheit: lange Sommerferien, Sonnenbrand im Freibad, Kornfelder, auf dem Kirschbaum sitzen und die Nase in den Wind halten. Ich glaube, sie verwechseln da etwas. Sie haben die Langeweile gar nicht verstanden. Wer auf einen Kirschbaum klettert, kennt keine Langeweile; er muss sich den nächsten Ast aussuchen, sich strecken, die Haare aus der Stirn pusten, Ameisen vom Handgelenk schütteln, jede Menge zu tun!

Langeweile ist süß, aber nicht unkompliziert wie Apfelkuchen mit Schlagsahne. Denn sie tut auch weh; sie geht in die Knochen und reißt dir die Kiefergelenke auseinander, sie macht deine Beine schwer wie im Fieber und deinen Kopf wattig. Jedenfalls erzählen mir das die begabten Langeweiler.

Sie tauchen aus der Langeweile auf wie aus einer kleinen Krankheit, blass und etwas muffig, erfrischt wirken sie nicht. Auf einmal weiß ich nicht mehr, ob in dieser wattigen Auszeit die Fantasie keimt oder ob eben einfach nichts keimt oder ob genau das Nichts das ist, was ich wirklich begehre.

Jedenfalls kann ich aufhören, sie mir herbeizuwünschen. Denn so schnell lässt sich mein Gedankenrudel sowieso nicht besänftigen.

Unten rumort meine Tochter im Kampf gegen ihre Langeweile. Ich vergesse sie und arbeite mich durch meine Stapel, bis die Sonne niedrig steht. Dann schüttele ich mich und schaue unten nach dem Rechten. Die Tür ist angelehnt. Ich gehe nach draußen. Hinten am Bach hockt auf einem der schiefen Bäume meine Tochter mit einer Freundin; sie kichern, als sie mich sehen.

»Langweilt ihr euch noch?«, rufe ich zu ihnen hinüber.

»Nee, wieso?«

»Und was macht ihr?«

»Chillen!«, rufen sie im Chor. Ach, so heißt das jetzt.

Helfen und viele Fragen

Sonst schaue ich ja oft in mich hinein. Aber seit ein paar Wochen geht der Blick eher nach außen, auf das, was um mich passiert. Das ist ungewohnt; an den eigenen Fragen denke ich immer schon herum, ich habe mein Köfferchen mit Instrumenten zur Selbstbetrachtung, und es ist gut gepackt. Aber die Fragen, die nun anstehen, sind mir neu. Im Köfferchen sind dafür keine passenden Instrumente.

Es ist der Sommer, in dem Hunderttausende Geflüchtete sich auf den Weg aus ihren Heimatländern machen. Seit einigen Wochen male ich manchmal vormittags mit Flüchtlingskindern. Ich weiß nicht, ob ihnen das hilft. Ich weiß auch nicht mehr, was Helfen bedeutet, ob Helfen überhaupt hilft, und noch weniger als jemals zuvor weiß ich, was in den Köpfen anderer Menschen vor sich geht.

Nicht weit von mir ist ein Erstauffanglager für bisher 800 Geflüchtete aus aller Welt. Schnell fanden sich Leute aus der Nachbarschaft, die dort etwas tun wollten: Deutschunterricht geben, Kleider sortieren, Fußball spielen, was wir eben so anzubieten haben als wohlmeinende, nichts ahnende Mitbürger. Ich schloss mich einer Gruppe von Kunstpädagogen, Gestaltern und Keramikern an, und nun schleppen wir zweimal die Woche Unmengen von Papier,

Wachsmalkreiden, Bastelscheren, Kleber und heißen Tee in das Lager, wo alle nur warten, essen und verwaltet werden. Drei Minuten nach unserer Ankunft hat sich der Vorplatz, auf dem wir die Papiere ausgebreitet haben, in eine große Werkstatt verwandelt, dreißig, vierzig Kinder knien inmitten der Stifte, malen und schneiden, und wir hängen jedes einzelne Bild an eine riesige Wand.

Was sie dabei denken, kann ich nicht einmal ahnen. Vielleicht findet es sich in ihren Bildern. Vielleicht aber auch gerade nicht. Ich weiß es eben nicht. Manche zeichnen stundenlang winzige Muster, stricheln feine Ornamente oder auch nur einzelne Punkte, alles zart hingetupft, wie ein Flüstern. Andere fuhrwerken mit leuchtenden Farben auf ihren Blättern herum, schnappen sich nach drei Strichen das nächste Blatt, möglichst riesig soll es sein, als wollten sie auf keinen Fall übersehen werden. Viele schreiben ihre Namen immer wieder und zeigen sie uns, eine Art Kennenlernen ohne Sprache, die wir ja miteinander nicht haben. Dazwischen die kleinen Jungs, die sich die Taschen mit Buntstiften füllen und hinter der nächsten Ecke verschwinden; die Mütter, die am Rand sitzen und ihre Kinder nicht aus den Augen lassen, aber zugleich mit der Schere sorgfältig kleine Quadrate ausschneiden; die Väter, die von weiter hinten herüberschauen. Einer hat sich von seinem Sohn Filzstifte bringen lassen und schraffiert in einem Malbuch sorgfältig einen Hubschrauber.

Im goldenen Herbstlicht sieht es aus, als wäre die Welt bei uns zu Gast. Ein buntes Bild des Friedens. Zugleich glaube ich mir kein Wort. Ich weiß, dass diese zwei Stunden den Geflüchteten nicht weiterhelfen werden. Ich weiß, dass die Bilder, die sie an die Wand kleben, ihre schwierigen Lebenswege nicht verändern werden. Ich weiß, dass der kleine Junge, der die Bastelschere nicht hergeben will, eben einem eritreischen Mädchen den Ellbogen so heftig in die Rippen gerammt hat, dass sie gar nicht mehr aufhört zu heulen. Und dass der Große dahinten in der Ecke, der nur vor sich hin schaut und nicht malt, aber auch nicht weggeht, vielleicht Dinge erlebt hat, die ich mir niemals werde vorstellen können.

Aber ich weiß auch, dass ich mich verdammt gut fühle, wie ich hier sitze und helfe, die warme, farbverschmierte Hand eines Kleinkindes auf meinem Knie, den dankbaren Blick der Mütter im Rücken – wenigstens langweilen sich ihre Kinder zwei Stunden lang nicht. Dankbarkeit ist eine großartige Währung. Wenn ich Bücher schreibe, kann ich damit kaum rechnen. Hier dagegen: Kinder grinsen, Bilder leuchten an der Wand, sogar die Sozialarbeiter nicken uns zu, auch wenn sie den lieben langen Tag unendlich viel schwierigere Hilfe leisten als wir.

Wahrscheinlich bin ich stolz auf mich, das wird es sein. Kleider will ich nicht sortieren, da lacht mich ja niemand an. Also lasse ich mir meine Zeit mit Lächeln bezahlen. Darf man das? Hilft das jemandem weiter außer mir selbst? Ich hätte ja schon längst etwas ankurbeln können, es gab auch vor den Geflüchteten genug Menschen in meiner Nähe, die Hilfe brauchen. Die sitzen ja immer noch dort herum, in ihren Essenstreffs und Sozialwohnungen, an den Bahnhöfen und in ihren Heimen, auf die komme ich gar nicht, weil ich sie nicht sehe – so ist es mit dem Helfen, was für eine ungerechte Sache. Hilfst du dem einen und dem anderen nicht? Hilfst du dort, wo es sich am besten anfühlt? Hilfst du den Kindern mit ihren Locken und ihren dreckigen Fingernägeln und nicht den jungen Männern, die dich mit verschränkten Armen anstarren? Also nur denen, die dir etwas schenken? Der Eigennutz des Helfens gefällt mir nicht an mir, aber ich kann mich darum jetzt nicht kümmern! Khaali hat sich die Finger zusammengeklebt, und Dilan will eine Krone ausschneiden, und eine Mutter hat keinen Tee mehr.

Als wir fertig sind, weil die Geflüchteten zum Essen hinüber ins Versorgungszelt müssen, und die Stifte weggeräumt und die Papiere eingerollt haben, kommt jemand mit einem Besen. Das Namensschild zeigt, dass auch er ein Helfer ist. Schweigend fängt er an, die zerknüllten Papierchen, Zettel, Schnipsel und Tesaklümpchen zusammenzufegen.

Wir können das auch machen, rufe ich. Er winkt ab. Ist in Ordnung, sagt er, ich fege hier sowieso. Schnell hat er alles zusammengekehrt, in einen Müllsack gepackt und zieht mit seinem Besen weiter, ins Essenszelt, wo es viel zu fegen gibt, Reiskörner, Apfelreste, zerknüllte Servietten. Wer weiß, wie lange er hier schon fegt. Niemand lächelt ihm zu. Und ich habe es auch nicht gemacht. Aber das macht ihm gar nichts aus.

Über das Verlieren

Als Kind habe ich viel verloren. Es war, als könne ich die Dinge nicht bei mir halten. Ich hatte anderes zu tun – Träumen zum Beispiel und Schlafen. Reden. Angst haben. Bücher lesen. Im Bus habe ich aus dem Fenster geschaut statt auf meinen Turnbeutel, der dann liegen blieb in der kleinen Lücke zwischen den Sitzen. Im Café habe ich aus der Serviette eine Blüte gefaltet, unter der sich die unendlich teure Zahnspange verbarg. Die räumte ein Kellner flugs mitsamt der Papierblüte ab und entsorgte alles im Müll (wir bekamen sie wundersamerweise wieder). Jeden Donnerstag schmorte ich im glühenden Blick der strengen Geigenlehrerin und floh hinterher, so schnell ich konnte und ohne mich noch einmal umzudrehen, sodass öfter der Geigenbogen zurückblieb. Beim nächsten Mal war die Lehrerin noch unerbittlicher, weil sie nicht begriff, wie man die Seele der Geige vergessen konnte. Aber das stimmte ja nicht. Ich hatte sie nicht vergessen, nur verloren.

So wie die Boarding Card für den Irlandflug, den ich herbeigesehnt hatte, nur schnell vorher noch einen Kaffee, ein Mitbringsel kaufen, mit Vorfreude überaus beschäftigt bis unter die Haarwurzeln, und so ein Papierschnipselchen geht eben verloren, wenn es Wichtigeres gibt. Als ich dann heulend am Schalter stand, an dem die anderen Fluggäste, fröhlich ihre Bordkarten schwenkend, Richtung Irland davonschlenderten, schwor ich mir, mein Leben zu organisieren, die Dinge ständig zu überprüfen und mir alles Wichtige um den Hals zu binden.

Irgendwann begannen damals meine Eltern, mich selbst für die verlorenen Dinge zahlen zu lassen. Ich müsse es lernen, hieß es, ich müsse den Wert der Dinge lernen, Verlieren sei ein Luxus, den sich nur erlauben könne, wer zu viel habe. Ich begriff ihren Standpunkt und sparte ab jenem Tag auf neue Taschenrechner, Füller, Verkehrsverbundtickets, auf die Neuausstellung des Führerscheins und eine Ersatzflöte, auf Regenjacken und Autoschlüssel. Den letzten habe ich eine Stunde vor meiner Hochzeit verloren. Wir wollten mit dem Auto zur Kirche.

Natürlich habe ich Strategien entwickelt, die jeder kennt. Feste Orte für bestimmte Dinge zum Beispiel. Ablagesysteme. Einen leicht paranoiden durchdringenden Rundblick, bevor ich einen Raum verlasse. Meine Verlustquote hat sich gebessert, und doch passiert es immer wieder.

Was mir wichtig sei, verlöre ich nicht, bekomme ich zu hören. Das mag stimmen, aber manchmal gilt eben auch das Gegenteil. Die Geigerin, die neulich im Zug ihr unbezahlbares historisches Instrument liegen ließ – eine Leihgabe zudem, unersetzlich –, wird sich ein Leben ohne diese Violine kaum vorstellen können. Und dennoch ging sie verloren. Es gibt Augenblicke, in denen wir uns dermaßen auflösen, dass die Kommandozentrale den Überblick verliert. Sicher ist der Geigerin ihr Instrument so kostbar wie kaum etwas anderes.

Und zugleich kann es geschehen, dass sie abschweift, dass sie sich in Gedanken verliert – an ihr Kind, das sich zu Hause die Arme aufkratzt, weil es einen Neurodermitisschub hat, oder an ihren Geliebten, der ihr morgens wie ein fremder Kellner den Kaffee serviert, ohne ihr durch das Haar zu fahren wie früher, oder an das letzte Konzert und die Verletzlichkeit der Klänge. Dann die Durchsage, der Zug kommt zum Stehen, sie springt auf, zerrissen zwischen all diesen Gedanken, Erinnerungen an gestern, Befürchtungen. Es ist leicht, sich für einen Moment zu verlieren, und schon steht sie auf dem Bahnsteig und hat einen Teil von sich im Abteil zurückgelassen.

Vielleicht verliere ich deshalb so viel, weil ich mich selbst verliere, jeden Tag ein paar Augenblicke lang.

Verlorenheit ist ein Zustand, den niemand gern zugibt. Die Verlorenen beunruhigen uns, und darauf reagieren die meisten Menschen mit Unbehagen. Das kann man ausprobieren, wenn man sich verlaufen hat und nicht mehr so recht weiß, wohin mit sich. Natürlich kann sofort das Smartphone aushelfen oder ein Ortskundiger. Jemand, der beides nicht zu nutzen weiß, sorgt für Misstrauen. Als ich neulich in einer mir unbekannten Ecke Berlins orientierungslos herumstand und noch keinen Plan B gefasst hatte, merkte ich gleich, wie mich Blicke trafen. Manche gingen absichtlich so dicht an mir vorbei, dass sie mich anstießen, als wollten sie mich aus dem Weg drängeln. Andere musterten mich ein wenig mitleidig, weil ich vermutlich kein Ziel hatte, vielleicht keinen Grund, hier zu sein, weil ich eben verloren war und ein paar Minuten lang auch so aussah. Es fragten dann sogar zwei Passanten, ob sie mir helfen könnten. Ich war versucht zu antworten: »Ach wissen Sie, ich bin nur gerade etwas verloren. Man weiß ja nicht immer, wie es weitergeht.«

Verlorene Seelen stören die Abläufe, und es reicht schon ein wenig Abweichung, um aus den glatt geregelten Vorgängen des Alltags herauszufallen. Mal ein paar Minuten planlos herumstehen, herumschauen dort, wo es doch gar nichts zu sehen gibt, ein paar Schritte in die falsche Richtung. Unser Gespür für Verlorenheit ist scharf und gnadenlos. Dabei sprach ich ja noch nicht einmal mit mir selbst und zupfte auch nicht wirr an meiner Kleidung herum, und das Haar stand mir auch nicht mehr zu Berge als sonst. Sobald das noch dazukäme, würde mir niemand mehr den Weg erklären wollen.

Ein lückenloses Voranschreiten ohne Umwege, Pausen und Verzögerungen ist generell unverdächtig. Zielstrebige, entscheidungsstarke Zeitgenossen, die im Rhythmus der Gewinner durch die Stadt eilen, sehen aus, als seien sie gegen alle Umwege gefeit. Die lassen natürlich auch nichts liegen, dafür sorgt die Ausrüstung. Und wer sich dennoch heutzutage verirren will, muss sich wirklich Mühe geben.

Ganz will ich mir das Verlieren aber nicht austreiben. Denn sonst könnte ich mich ja nicht mehr in meiner Arbeit verlieren. Ich will zerstreut sein dürfen, will auf Umwege geraten und auch mal in eine Sackgasse. Denn Abschweifungen öffnen mir die Türen in eine neue Geschichte. Ich könnte mich nicht mehr in der Ferne verlieren. Und auch mein Herz dürfte ich dann nicht mehr verlieren. Ich war schon immer eine gute Verliererin! Und wenn ich mal wieder etwas liegen lasse, einen Stift, einen Pass, einen Teil von mir – wer weiß, wer es dann findet?

»Ich habe
beschlossen ...«

~~~~~~~ Viele Menschen um mich herum sind erstaunlich beschlussfähig. Sie schauen sich die wirren Bestandteile ihrer Lebensverläufe an, sortieren sie in verschiedene Phasen und beschließen, was sie damit anfangen wollen.

Mein Friseur zum Beispiel hat neulich beschlossen, er sei nun ein Stilberater. Als ich ihn fragte, was das bedeute, ob er mir nun nicht mehr die Haare schneiden wolle, erklärte er es mir. Er tue zwar im Grunde genau das Gleiche wie vorher, aber es fühle sich anders an. Er wolle nun nicht mehr nur an den Köpfen seiner Kunden herumschnipseln, sondern den ganzen Menschen in den Blick nehmen, Haare seien Teil der Persönlichkeit, und er könne dabei helfen, den eigenen Stil zu finden. »Aber das haben Sie doch vorher auch schon gemacht«, wandte ich ein, »deswegen kommen doch so viele Leute zu Ihnen.« Ja, das wisse er, aber er habe nun einmal beschlossen, einen neuen Beruf auszuüben.

Beschlüsse machen stolz; man fühlt sich eigenständig, entscheidungsfreudig und souverän. Mit Vorsätzen sind sie eng verwandt, nur dass sie sich nicht hinausschieben lassen, sondern sofort zu neuen Tatsachen führen. Ich kann mir vornehmen, mehr Sport zu treiben, und es dann bis übermorgen oder bis Silvester verschieben. Aber wenn ich es beschließe, geht es gleich los, da gibt es kein Vertun.

»Ich habe beschlossen, regelmäßig zu laufen«, sage ich probeweise zu den Menschen in meiner näheren Umgebung. Gleich bringen sie mir die Laufschuhe. Ich bin beeindruckt, dass ich sofort beim Wort genommen werde. Dabei ist dies ja nur ein kleiner Beschluss, lanciert zu Übungszwecken, aber er wirkt sich aus, zumindest eine Weile, bis er zurücksinkt in das Reich der guten Vorsätze.

Nicht befolgte Beschlüsse sind peinlich, man kann sie ja nicht zurücknehmen; einmal gefasst, stehen sie leuchtend im Raum, und man wird an ihnen umso strenger gemessen, je vehementer man sie verkündet hat. Vielleicht werde ich das Laufen stillschweigend ein wenig zurückfahren und es dann im Sommer noch einmal mit frischem Elan beschließen. Denn Beschlüsse brauchen Schwung; es sind interessante, dynamische Vorgänge, vor allem dann, wenn sich durch das Beschließen etwas ändert, ohne sich zu ändern.

Die Kinder seien jetzt groß, beschließt eine Nachbarin, eine neue Lebensphase habe begonnen. Zweifelnd schaue ich auf ihre munteren Grundschulkinder, sehr groß kommen sie mir nicht vor, und sie zupfen an ihrer Mutter herum, wollen Geld für den Bäcker und unbedingt sofort etwas zu trinken haben, aber die Mutter lässt sich von ihrem Beschluss nicht abbringen. Sie seien groß, und das bedeute neuen Spielraum, andere Urlaubsziele, ruhigere Nächte und mehr Kraft. Ich weiß nicht, wie sie zu ihrem Beschluss gekommen ist, es muss Signale und Anlässe gegeben haben.

Beschlüsse fallen ja nicht vom Himmel, sondern müssen gefasst werden, es sind Entscheidungen, die man der Umgebung aus gutem Grund mitteilt. Anders als politische Beschlüsse, die mit vielen Beteiligten in unübersichtlichen Lagen ausgemacht werden müssen, können wir unsere eigenen Beschlüsse mit uns selbst verhandeln und im Alleingang verkünden. Kein Wunder, dass wir das Gefühl haben, daran zu wachsen. Wir beweisen uns damit unsere Mündigkeit, und das fühlt sich erwachsen an, als könnten wir dem Leben auf Augenhöhe begegnen.

Auf jeden Fall verändert dieser Beschluss den Alltag der Nachbarin; sie trägt seitdem die Gummistiefel mit den roten Punkten nicht mehr, ich sehe sie seltener auf Spielplätzen, abends ist sie oft unterwegs, und sie erzählt, dass sie nun nach einer Halbtagsstelle suche. Die Kinder sind, wann immer ich sie sehe, noch genauso klein wie vorher und bester Dinge; sie spielen jetzt öfter und wilder mit ihren Freunden, weil die Mutter nicht mehr auf der Bank sitzt und ihnen Apfelschnitze reicht, und wenn niemand sie beobachtet, kaufen sie beim Bäcker Weingummischlangen von ihrem Taschengeld.

Einschneidende Beschlüsse haben oft den Charakter einer Zäsur. Eine entfernte Freundin beschließt, ihren Namen abzulegen. Von nun an will sie anders heißen, sie hat sich einen Fantasienamen ausgedacht, der besser zu ihrem Lebensgefühl passt. Ich bin verblüfft; wie kann man einen Namen aufgeben, diese Haut, die uns so eng umhüllt, dass sie mit uns verwoben ist, schon immer und für immer? Man kann; die Freundin hält sich an ihren Beschluss und korrigiert freundlich und geduldig alle, die sie ständig so nennen wie früher, bis irgendwann sogar ihre Mutter den neuen Namen im Munde führt, ohne dass er klingt wie ein Fremdkörper (nur ich schaffe es nicht und vermeide es seitdem, sie direkt anzusprechen).

Wie ist es wohl, mit einem neuen Namen durch die Welt zu gehen? Die vertraute Hülle abzustreifen? Auf der Straße gerufen zu werden und sich nicht mehr umzudrehen; sich am Telefon anders zu melden; in den Geschichten, die erzählt werden, den Familienanekdoten und »Weißt du noch, damals«-Episoden nicht mehr vorzukommen?

Ich bleibe misstrauisch, was all diese Verkündigungen angeht. So einfach kann es doch nicht sein. Denn wenn es möglich wäre, sich mit ein paar Buchstaben per Beschluss ein neues Ich überzuwerfen, dann gäbe es doch kein Halten mehr. Dann könnte ich ja nach Belieben beschließen, glücklich oder wild zu werden, mächtig oder zutiefst gelassen, dann läge alles in meiner Hand, das Leben als Knetmasse. Genau, ruft die Frau mit dem neuen Namen, sie selbst sei doch das beste Beispiel: Alles neu erfunden, das sei die Kraft der Fantasie. Was sich denn geändert habe? Alles!

Ich gönne ihr das frischgebackene Lebensgefühl, das die selbst beschlossene Taufe ihr geschenkt hat. Und dass sie der Sprache und der Fantasie alles zutraut, rührt mich. Aber Beschlüsse, die so tun, als gäbe es kein Gestern, sind mir nicht geheuer. Manchmal überlege ich sogar, wie es wohl wäre, sich vorübergehend für beschlussunfähig zu erklären. Vielleicht ungefähr so, als träte ein Politiker einem Schweigeorden bei. Wer weiß, was dabei herauskäme?

Lob und Wahrhaftigkeit

~~~~~~~ Neulich habe ich meine alte Lehrerin getroffen. Alle paar Jahre lädt sie mich zum Tee ein, und immer finde ich eine Ausrede. Aber diesmal hatte ich plötzlich die Befürchtung, es könnte das letzte Mal sein. Wenn ihre Todesanzeige im Briefkasten läge, wäre es nicht wiedergutzumachen. Also riss ich mich zusammen und ging hin, mit englischem Buttergebäck, weil sie das besonders gemocht hatte, damals, als sie laut, dick und klug war und uns alle um sich scharte, uns Schülerinnen. Sie lud uns zu sich nach Hause ein. Zuerst sagte sie uns ohne Umschweife, wie wir aussahen: übernächtigt, zerstreut oder verschlafen. Dann stellte sie uns unlösbare Fragen nach dem Sinn des Lebens, nach unseren Vorstellungen von Zusammenleben und Gerechtigkeit, heizte uns noch ein wenig ein, und dann lehnte sie sich zurück, aß Unmengen von Gebäck und genoss das Gefecht. Oft fuhr sie auch dazwischen, und manchmal nahm sie uns einfach dran, obwohl wir doch auf ihrer Terrasse saßen und nicht in der Schulklasse. Wenn wir nicht mehr weiterwussten, schüttelte sie unwirsch den Kopf und tadelte uns. Weil sie eine imposante Gestalt war, die Haare hoch aufgetürmt zu einer goldenen Tolle, die Blusenärmel etwas hochgekrempelt, mit breiten Schultern und stämmigen Waden, sanken

wir dann immer ein wenig in uns zusammen, obwohl wir ja schon fast erwachsen waren und uns freiwillig unter ihrer Knute versammelt hatten. Sie lobte uns nie; wenn ihr etwas gefiel, nickte sie kurz.

Wir waren es nicht anders gewöhnt. Lob gab es selten, und immer musste es verdient werden. Erst viel später kam die große Inflation, und alles war einfach nur toll. Die Generation meiner Kinder wundert sich über Rückmeldungen, die aus einzelnen Wörtern bestehen, »gut« zum Beispiel. Sie denken dann immer, da müsse doch noch etwas kommen. Gewohnt sind sie ausschweifende Lobesgirlanden: »wirklich echt schön«, »sehr, sehr intensiv«, »ganz besonders toll«. Mit Freude und Lob wird jede ihrer Regungen begrüßt. Für sie ist die Welt voller Resonanz, ein Ort der Zustimmung und der Herzlichkeit. Immer wird dem Kind zunächst gratuliert, dass es da ist.

Inzwischen bin ich in Workshops, Kursen, Klassen und in meiner Familie eine geübte Ermutigerin, Loberin und Förderin geworden. Schwierig wird es immer dann, wenn ich jemanden auf einen Fehler, eine Schwachstelle oder etwas Misslungenes hinweisen muss. Die jungen Leute ducken sich wie unter Peitschenhieben, obwohl ich natürlich niemals direkt den Finger in die Wunde legen würde. Nein, ich lobe zunächst, ich freue mich über dieses und jenes, dann schlage ich behutsam einige Veränderungen vor. Gleich zittern die Unterlippen; ein verdächtig feuchter Glanz legt sich über die Augen, und eine schlecht verborgene Verzweiflung greift um sich. Andere starren mich fassungslos an, recken dann kämpferisch das Kinn und streiten alles ab. Wortgewandt weisen sie mir nach, wie falsch ich liege und wie blind ich sei. Kritik ist heutzutage eine heikle Angelegenheit, und ich muss mit allem rechnen. Mit den Jahren bin ich zwar ungeduldiger geworden und benutze beim Kritisieren weniger Einwickelpapier, aber Diplomatie ist auf jeden Fall immer gefragt.

Meine alte Lehrerin sah das anders. Man musste sich vor ihr bewähren. Wir sollten unseren Blick schärfen, unsere Gedanken überprüfen, wir sollten uns nicht einrichten in unserem sanften Geplauder und unseren wattigen Ideen. Immer wenn wir nachließen und in erschöpften Small Talk auswichen, stieß sie wie ein Habicht mit der nächsten Frage in unsere Runde. Unbequem war es damals bei meiner alten Lehrerin.

Und deswegen hatte ich, als ich neulich vor der Tür meiner alten Lehrerin wartete, Herzklopfen, als stünde mir eine Prüfung bevor. Ich bin es nicht mehr gewöhnt, kurz gemustert zu werden und gesagt zu bekommen: »Sie sehen aber gar nicht gut aus. Dann erklären Sie mal.«

Aber als sie die Tür öffnete, war mir sofort klar, dass der Habicht gebrochene Flügel hatte. Wer nicht gut aussah, war sie. Sie war schmal geworden und hielt sich am Türrahmen fest. Die Kekse konnte sie nicht nehmen, weil sie sich auf einen Stock stützte; ich trug sie ihr in die Küche, wo ich entsetzt beobachtete, wie sie mit zitternden Fingern den Tee in die Kanne löffelte. Wir brauchten eine Weile, bis wir mit unseren Tassen auf der Terrasse saßen. Hilflos redete ich gegen die Zittrigkeit an, erzählte wild aus meinem Leben und versuchte, die Krümel zu übersehen, die ihr auf die Bluse fielen.

Anders als früher, als sie uns nicht aus den Augen gelassen

hatte, starrte sie vor sich hin, und ich fing schon an, im Kopf zu überschlagen, wann ich wieder gehen könnte, ohne dass es allzu unhöflich wäre. Da hob sie den Kopf und unterbrach mich. »Und lässt sich denn Ihrer Ansicht nach zwischen all diesen Begebenheiten ein Zusammenhang herstellen?«, fragte sie scharf. Ich verstummte schlagartig. Es war klar, was sie wollte: Ich sollte aufhören zu plappern und anfangen zu denken. Und zugleich sollte ich sofort aufhören, sie zu bemitleiden. Ich senkte den Blick und wusste nicht mehr weiter. Eine Weile schwiegen wir beide.

Sie muss sich gewundert haben über mich; über meine verlegene Redseligkeit und den fehlenden roten Faden, ohne den sie Gespräche nicht durchgehen ließ. Vielleicht wollte sie auch einfach nur prüfen, ob ich überhaupt noch einen Funken von Scharfsinn in mir hatte. Fiebrig suchte ich nach einer klugen Antwort. Der Zusammenhang war, dass ich zerrissen war vor Mitleid mit dem gealterten Habicht und meine Rührung nicht zeigen durfte. Aber genau das konnte ich natürlich nicht sagen. Und dann sagte ich es doch. »Ich wusste einfach nicht, was ich sagen sollte. Wir haben uns so lange nicht gesehen, und Sie haben sich ziemlich verändert.«

Sie ließ die Teetasse sinken. Dann schaute sie mir direkt ins brennende Gesicht und nickte kurz. Ich wusste, was dieses Nicken bedeutete: Es war ihr größtes Lob. Ich hatte eine Prüfung bestanden, und die war nicht weniger streng, nur weil die Prüferin inzwischen am Stock ging.

Ich wünschte, ich könnte sagen, ich hätte sie seitdem oft besucht. Oder öfter wahrhaftig gesprochen. Ich fürchte, so ist es nicht.

Chronik der Erinnerung

～～～～ Ich kann mein altes Tagebuch nicht mehr finden. Für mich ist das eine Katastrophe, denn die Tagebücher sind die Chronik meines Lebens. Ich bewahre sie in einem verschlossenen Glasschrank auf, sodass ich sie immer im Blick habe, auch wenn ich nur selten darin lese. Aber darum geht es auch gar nicht. Ich muss ja nicht unbedingt ganz genau wissen, welchen Reim ich mir als 27-Jährige auf die Welt gemacht habe. Oder was ich vor Jahrzehnten über die Liebe oder das Zerbrechen derselben dachte. Doch könnte ich das alles nachlesen: die Studienjahre, die ersten Gedanken über das Schreiben, Mutter werden, älter werden. In meinen heiligen Schriften gibt es weder Zensur noch irgendwelche Aufnahmestopps; alles, was mich beschäftigt, rührt, quält oder interessiert, wird notiert. Gut, manchmal passiert über Wochen gar nichts, die Seiten bleiben leer, und das Leben hinterlässt keine weiteren Spuren, zumindest nicht in meinem Büchlein. Dann wieder kann ich gar nicht schnell genug mitschreiben, es prasselt nur so von Gedanken, und ich komme kaum hinterher. Es gibt Eintrittskarten und Fotos, Stricheleien und Aufkleber, ausgeschnittene Artikel, alles durcheinander und doch versammelt als ordentliche Abfolge meiner Lebensjahre. Ein Schatz, den ich niemals zurücklassen würde.

Wenn ich die hübschen marmorierten, in Stoff eingeschlagenen oder ledergebundenen Bücher im Regal sehe, manchmal ein wenig darin herumblättere und mich umschaue im Museum meines Lebens, bin ich zutiefst beruhigt.

Fotos dagegen traue ich gar nicht über den Weg. Sie lassen mich merkwürdig kühl zurück, und wenn ich sie anschaue, kann ich mich einfach nicht mehr recht in meine eigenen Geschichten verwickeln. Ich sehe die Gesichter aus jüngeren Jahren, die Kinder noch so klein, die Freunde so jung, die Büsche im Garten lächerlich klein. Aber in diese Bilder kann ich nicht eindringen. Wie hat sich das angefühlt, ein kleines hustendes Kind auf dem Schoß zu haben? Einen Säugling an der Brust? Oder den Pfad durch ein schottisches Hochmoor vor mir? Ich weiß, dass ich diese Momente erlebt haben muss – aber wo ist die Tiefenschärfe, wie kann ich sie sättigen mit den Gefühlen von damals?

Das gelingt mir nur, wenn ich in meinen alten Büchern blättere. Hier ein Satz, dort ein Zitat. Ja, dann setzt sich wieder alles zusammen, auf einmal bekommt meine Erinnerung Konturen, ich weiß wieder, wer diese Schreiberin war, die damals diesen Gedanken gedacht, diesen Satz notiert hat. An welchem Schreibtisch ich saß, als ich in dieses grüne Heft schrieb oder in das blau gemusterte Büchlein, dessen Seiten seit zwanzig Jahren gewellt sind vom Regen in Schweden. Und wie sich das Leben damals angefühlt hat. Herumblättern genügt; ich lese mich nicht fest, ich will es ja gar nicht so genau wissen, ich will einfach nur glauben können, dass es mich schon eine ganze Weile gibt.

Und nun ist mir eines dieser Bücher verloren gegangen.

Und zwar nicht irgendeines, sondern eines der ältesten (aber das ist egal, alle sind gleich wichtig). Ich habe es gemerkt, weil ich etwas suchte, einen bestimmten Ort in Irland, wo ich mich verlaufen hatte; wie hieß das Dorf noch mal? Auf einmal wollte ich das unbedingt wissen, es kam mir furchtbar wichtig vor, als hinge etwas davon ab; und es musste in meinem alten Buch notiert sein. Ich wusste sogar noch, in welchem und dass ich auf die erste Seite ein keltisches Kreuz gezeichnet hatte, verwackelt, weil ich in einem Überlandbus saß und der Bleistift in meiner Hand vibrierte. Es hatte einen rostroten Einband, ganz sicher. Und nun war es verschwunden. Zuerst konnte ich es nicht glauben, stöberte herum und sah die Reihe der Bücher und Hefte immer wieder durch. Ich wusste natürlich nicht mehr, wann ich das Buch zuletzt gesehen hatte. War es beim letzten Umzug hinter das Regal gestürzt? Hatte es mir jemand weggenommen? Oder hatte der Zahn der Zeit es zermahlen? Motten? Schimmel? Eine Trauer stieg in mir hoch, die ich selbst nicht verstand. Schließlich war niemand gestorben.

Was fehlt, ist doch nur ein altes Büchlein. Verblasstes Gekritzel über Orte, die ich auf der Karte nicht mehr finden kann; Geschichten von abgelegten Lieben; Handschrift einer Schreiberin, in der sich jede Zelle und jedes Molekül schon oft erneuert hat. Bin ich überhaupt noch dieselbe, die damals im Bus durch die beschlagene Scheibe schaute und versonnen in ihr neues rostrotes Büchlein kritzelte? Was ist geblieben? Und was bin ich ohne diese zwei Jahre meines Lebens, die mit dem Büchlein verschwunden sind?

Ich habe sie doch erlebt, diese Jahre und alle anderen

auch. Warum glaube ich mir das nicht? Ich staune über das Ausmaß meines Kummers. Als gäbe es Lebenszeit nur in geronnener Form, nur auf dem Papier. Aber dann fällt mir ein, dass ich damit ja auch meiner Kindheit den Garaus machen würde. Da habe ich auch nichts aufgeschrieben! Und trotzdem wissen meine Zehen noch, wie es war, barfuß über den Schotterweg vor der Garage zu laufen, und meine Finger noch, wie sie geschwitzt haben, als ich mich vor der ganzen Klasse auf der Flöte verspielt habe, und meine Augen noch, wie sie das erste Mal eine Wiese ohne Zäune gesehen haben.

Vielleicht gibt es ja auch andere Weisen, wie sich das Leben in mich einschreiben kann. Muss es denn unbedingt Papier sein?

Eben, sagen die Jüngeren um mich herum. Es muss wirklich nicht immer Papier sein. Wie wäre es online? Schreib doch einfach alles ins Internet, dann geht es nicht verloren. Und du musst dann auch nicht immer diesen Prittstift nachkaufen, der die Seiten verklebt. Und die Fotos brauchst du auch nicht mehr auszudrucken. Und vor allem: Alles ist für immer gespeichert!

Wie, ich soll nichts mehr einkleben dürfen? Keine Seiten mehr umblättern? Keine Kaffeeflecke mehr, kein Bleistiftgestrichel? Also bitte. Kommt gar nicht infrage. Natürlich muss es Papier sein. Und wenn dann was verloren geht, muss ich solche Katastrophen eben hinnehmen. Besser, als wenn es nie da gewesen wäre.

Rührung

Neulich überkam es mich wieder. Ich saß auf einer harten Bank in der Turnhalle einer Grundschule und starrte auf die Bühne, wo die Theateraufführung einer fünften Klasse ihren langsamen Gang ging. Gern würde ich behaupten, die Kinder hätten ihr Bestes gegeben, aber so war es nicht. Mit den übertriebenen Gesten, die Kindern oft beigebracht werden, wenn sie auf der Bühne Gefühle zeigen sollen, die sie nicht haben, und den sperrigen Sätzen auf der Zunge, die ihnen eine ambitionierte Lehrkraft vermutlich eingebimst hatte, kamen mir die Schüler eher vor wie einigermaßen gut geführte Marionetten. Unruhig rückte ich auf der Bank hin und her, beobachtete leicht gereizt die Eltern, die unentwegt fotografierten und filmten und lautlos den Text mitsprachen, und wartete auf eine Gelegenheit, um unauffällig das Weite zu suchen.

Da passierte es: Hinter den Kulissen hörte man Gitarrenakkorde, die Kinder scharten sich zu einem kleinen Chor, und auf einmal sangen sie allesamt laut und fröhlich »Leaving on a jet plane«. Der Song hatte nicht sehr viel mit dem Stück zu tun, das Englisch der Kinder war unverständlich und die Akkorde passten nicht – egal. Singende Kinder und ein Lied über Abschied und Trennung, das reicht schon, um mir die

Tränen in die Augen zu treiben. Ich kann mir nicht helfen. Und es wird immer schlimmer. Früher überkam mich nur dann Rührung, wenn meine eigenen Kinder im Spiel waren. Wenn sie den Stern beim Krippenspiel, die Zügel des weißen Ponys oder die Blockflöte beim Vorspiel hielten, dann durfte ich beobachten, wie ernst sie ihre Aufgabe nahmen und wie hingebungsvoll sie bei der Sache waren, konnte ihre stillen Gesichter bewundern und die Schönheit ihrer Konzentration – und schon wurden die Augen feucht. Aber inzwischen reicht offensichtlich schon eine Prise Begeisterung in einer fremden Schulklasse, untermalt von G-Dur.

Was aber hat mich dort in der Turnhalle so gerührt? Der vertraute Song wäre doch eher ein Grund zum freudigen Mitsingen gewesen – noch ist die Menschheit nicht verloren, solange Kinder miteinander Lieder teilen, wenn es nicht gerade Militärmärsche oder Nationalhymnen sind, sondern schöne alte Hippie-Lieder, oder? Vielleicht liegt es an der Musik. Ebenfalls harter Tobak für mich sind nämlich Chorstücke, vor allem Kantaten jeglicher Art, aufgeführt in Kirchenräumen. Egal wer sie komponiert hat oder spielt – wenn der Schlusschoral erklingt und die bewegten Harmonien sich in einem strahlenden Dur-Akkord lösen, fange ich an zu schluchzen. Bei Moll erst recht. Dabei habe ich doch gerade eine Vorahnung vom Paradies bekommen! Dreißig Musiker und ein Chor, lauter gestandene Erwachsene, die im richtigen Leben nichts miteinander zu tun haben, stehen im Altarraum und bauen mit den gleichen Stimmen, mit denen sie sonst über Kollegen lästern und Fahrscheine kaufen, eine Architektur aus fein gesponnenem Klang. Heule ich, weil der letzte Akkord gleich verklungen sein wird? Weil sich die Festlichkeit nicht halten kann und das Paradies eben nur als Andeutung zu ahnen ist, schon verhallt, bevor es sich entfalten darf? Oder weil es ein Wunder ist, dass Menschen überhaupt zusammen musizieren, ohne dafür bezahlt zu werden? Sind es Tränen der Dankbarkeit, des vorweggenommenen Verlustes? Oder bin ich einfach rettungslos sentimental?

Die größte Rührung meines Lebens überkam mich, als ich in einem Altersheim ein Praktikum machte. Ich half hier und dort, sah den Herrschaften voller Mitleid beim mühsamen Geschäft des Altwerdens zu, hakte gebrechliche Damen unter, wischte Böden und tupfte beim Abendbrot Butterreste aus Mundwinkeln. Das alles war bedrückend, aber es gab auch angenehme Begegnungen, pfiffige Ladys und sehr großherzige Pflegerinnen, die für Galgenhumor und bei Problemen für schnelle und praktische Lösungen sorgten. Wenn ich abends nach Hause fuhr, war ich heilfroh um meine Jugend und zugleich sehr erschöpft, aber nicht gerührt.

Bis ich eines Tages in die Gruppenstunde des Seniorentanzes geriet. Hier konnte niemand auch nur einen Fuß heben. Im geräumigen Seminarzimmer waren die Tische an die Wand geschoben, Rollstühle standen im Kreis um eine rundliche Animateurin in Sportjacke und blau schimmernden Leggings. Sie zeigte den Damen gerade, wie sie ihre Ellbogen heben und mit den Köpfen schaukeln sollten. Schüchtern setzte ich mich auf einen der Tische und schaute zu, wie sie hier einen Arm hielt, dort eine Schulter lockerte. Die Tänzerinnen sahen angestrengt aus, als kosteten die winzigen Bewegungen sie alle Kraft. Schnell wollte ich mich wieder hinausstehlen, aber die Lehrerin rief mich zurück: »Bleib doch! Wir freuen uns über Publikum!« Sie übten nämlich für eine Aufführung, und dies war eine Art Generalprobe. Sie hob die Hand und drückte die Starttaste eines altmodischen Kassettenrekorders. Ich war auf alles gefasst. Aber als dann der Ententanz losdröhnte und die alten Damen, von der Hüfte abwärts steif wie Statuen, sich lächelnd dazu im Takt wiegten und mit den Ellbogen flatterten, dabei sogar noch stolz zu mir herüberschauend, schaffte ich gerade noch einen Applaus, bevor ich heulend aus dem Raum lief.

Ich habe diesen Moment niemals vergessen, und ganz klar ist er mir immer noch nicht. Die bekannten Zutaten gab es auch hier – Musik und eine Gruppe von Menschen, die mit Freude etwas gemeinsam tun. Zugleich fädelte sich in den Augenblick eine Ahnung davon, was Tanzen diesen Damen vielleicht früher bedeutet hatte, schwingende Petticoats, gut gescheitelte junge Tänzer, festlich polierte Tanzsäle. Erinnerungen, gefangen im blechernen Gejaule des Ententanzes und in Körpern, die keiner mehr zum Tanzen aufforderte. Sie taten etwas unter ihrer Würde, weil es nicht anders ging, und blieben doch stolz bei der Sache, die sie nicht mehr beherrschten. Dass sie so tapfer versuchten, gegen die Unmöglichkeit anzutanzen, das könnte es gewesen sein.

Ich bin gegen die würdevolle Kunst der Wehmut nicht gefeit. Und, das habe ich gerade beschlossen, ich will es auch nicht sein. Wo auch immer mir jemand zeigt, dass er dem Leben eine Form abringt, bekommt er meine Tränen. Und sei es auch nur der Ententanz.

Die Schule der Anstrengung

Neulich wunderte ich mich mal wieder darüber, warum ich bei meinen Lesungen meistens vor älterem Publikum stehe. Das war schon immer so, auch als ich gerade erst mit dem Schreiben begonnen hatte – ich war Ende zwanzig, meine Zuhörer und Zuhörerinnen Mitte vierzig. Inzwischen hat es sich nach hinten verschoben, wir werden gemeinsam älter. Aber wo sind die Jungen, warum kommen sie nicht? Liegt es an mir, liegt es an unseren buchfernen Zeiten, am Überangebot unserer Städte oder an der Konkurrenz der Neuen Medien?

Eine Freundin, der ich von der letzten Lesereise erzählte, stellte eine gewagte Behauptung in den Raum. Meine Bücher seien eben anstrengend zu lesen, meinte sie; die Lektüre sei interessant und produktiv, aber halt doch anstrengend, und die Bereitschaft, sich am Feierabend mit Anstrengungen abzugeben, sei nur Älteren möglich, die dafür Energien frei hätten. Jüngere Menschen hätten genug damit zu tun, ihr Leben zu organisieren, ihre Praktika durchzuhalten, ihre Stellen nicht zu verlieren und ihre kleinen Kinder durch die Wohnung zu tragen. Die wollten dann nicht abends auch noch sperrige Texte und seltsame Geschichten lesen oder hören. Das leuchtete mir erst mal ein. Seitdem denke ich darüber nach, wie das ist mit der Anstrengung. Meine Freundin schien ja davon auszugehen, dass wir einen Kräftehaushalt haben, den wir auf die eine oder andere Art ausschöpfen. Dann ist er aufgebraucht, und wir sinken erschöpft auf das nächstbeste Sofa, zwitschern uns einen und sammeln Kräfte für die nächste Anstrengung, indem wir alle viere von uns strecken. Aber wenn ich an die wirklich kräftezehrenden Zeiten in meinem Leben denke, war es doch eher so, dass die Anstrengungen nicht nachließen und ich auch gar nicht daran dachte, ihnen auszuweichen. Die Kinder schrien, wachten nachts ständig auf, hatten Mittelohrentzündung, und ich fand keinen Kitaplatz? Na gut, dann bekam ich eben noch ein Kind. Die Abschlussarbeit wuchs mir über den Kopf, das Geld war knapp, vom vielen Schreiben entwickelte sich eine Sehnenscheidenentzündung und vom Kellnern ein Tennisarm? Ziemlich haarig, aber dann kam es auf die Nächte ja auch nicht mehr an, die ich mir um die Ohren schlug, um für die Lokalzeitung Besprechungen über Schultheaterstücke und Klarinettenvorspielabende zu schreiben.

Manchmal ist es auch heute noch fast wie ein Rausch, als könnte ich nicht genug kriegen – ein Training, bilde ich mir ein, das mich stärker macht, tauglicher und vielleicht auch härter.

Vermutlich bin ich durch eine Schule der Anstrengung gegangen. Je mehr Mühe etwas machte, so lernte ich es als Kind, desto wertvoller war es. Geigen lernen war besser als

Kicken, weil es komplizierter war, kulturell hochwertiger, schwerer zu meistern, eine Herausforderung, und nur daran könne ich wachsen. Lesen war besser als Rumliegen, schwierige Bücher besser als *Hanni und Nanni*. Anstrengung hatte mit Lernen zu tun, mit Erfolg und Belohnung, aber auch mit Wachstum und Reife. Hängen lassen könne sich jeder, hieß es. Aber dafür sei das Leben zu kurz.

Und genau das glaube ich noch immer. Staunend beobachte ich die wenigen Menschen in meiner Nähe, die anstrengungslos durch die Tage gehen. Wie machen sie das? Sie arbeiten, aber nicht zu viel; sie gehen spazieren, aber nicht, um fit zu bleiben, und wenn der Weg zu steil wird, drehen sie einfach um oder setzen sich ins Gras. An manchen Tagen bleiben sie einfach im Bett, dösen wie Katzen oder schauen staffelweise Serien. Kann das gut gehen? Darf man so leben? Ist ein Tag, der mich nicht angestrengt hat, ein guter Tag? Kann ich überhaupt schlafen, wenn nichts mich ermüdet hat? Vielleicht ist der Schlaf nach einem mühelosen Tag ja viel leichter und freier. Ich dagegen falle nach getanem Tagewerk schwer in die Kissen, stolz auf all die Punkte auf meiner Liste, die ich abgearbeitet habe, und doch nicht ganz beruhigt – denn eigentlich ist es nie genug.

Als Kinder lernten wir, Listen anzulegen. Das mache ich heute noch. Mit dem Hund raus, Muffins backen für das Schulfest, Geburtstagsgeschenk besorgen, neuen Personalausweis beantragen, Geschichte überarbeiten, Kühlschrank auswischen, neue Druckerpatrone besorgen, Korrektur lesen. Das hake ich dann alles ab, eines nach dem anderen. Manchmal schreibe ich sogar noch Extraposten auf die Liste,

Selbstverständlichkeiten, die den To-do-Posten verlängern und mir das Gefühl geben, noch mehr geschafft zu haben, weil ich so viel abhaken kann. Am Ende eines langen Tages zerreiße ich die Liste und klopfe mir auf die Schulter. Die für den nächsten Tag schreibe ich auch gleich noch rasch.

Kann es denn sein, dass dieses Gefühl des ewigen Dauerlaufs irgendwann nachlässt? Das war ja die These meiner Freundin: älter werden, hier eine verwelkte Blüte abknipsen, dort eine Katze streicheln und ab und zu, wenn man wirklich mal Lust auf eine ordentliche, bereichernde Anstrengung hat, ein gutes schwieriges Buch durcharbeiten und der Autorin altersmilde zulächeln. Ich weiß es nicht und fange an, andersherum zu denken.

Stimmt es denn überhaupt, dass die Jungen sich abrackern und weder rechts noch links schauen können? Die, die mir über den Weg laufen, sind ziemlich gut darin, stundenlang zweckfrei zu chillen.

Und stimmt es überhaupt, dass meine Bücher anstrengend sind? Entsteht Kunst nicht viel eher im freien Spiel, mit freudiger Gelassenheit statt verbissenem Eifer? Hat sich der zottelige Geiger, der vor dem Kaufhaus eine Partita von Bach erblühen ließ, zugleich den Mädchen zulächelte und seinen Hund mit dem Fuß kraulte, etwa überarbeitet? Und wer flüstert mir ständig ins Ohr, nur was schwerfalle und Schweiß koste, sei gut?

Jetzt höre ich mal auf zu grübeln und gehe mit dem Hund eine Runde laufen. Aber auf jeden Fall die Strecke, die bergauf durch die Weinberge führt. Und dann arbeiten, auf dass es ein guter Text werde und ich danach ruhig schlafen kann.

Das große Ganze

〜〜〜〜 Bei meiner Arbeit geht es ums Ganze. Nicht im lebensrettenden oder vermögensbildenden Sinne. Sondern im künstlerischen. Wenn ich meine Geschichten nicht zu Ende schreibe, sorgt das für Verwirrung. Leser wollen Anfang-Mitte-Ende-Bögen. Verlage wollen Bücher mit einem Titel, einem Inhaltsverzeichnis und zwei Buchdeckeln. Und auch in mir selbst bildet sich, vor allem wenn schon eine ziemliche Textmenge auf meiner Festplatte pulsiert, das Bedürfnis nach einer Abrundung, einer Vollendung. Es braucht gar nicht das klassische Happy End zu sein. Aber etwas muss fertig werden, einen Abschluss finden. Meine Bücher enden mit verloren gegangenen Schaffnerinnen, zerbrochenen Beziehungen in der Straßenbahn, einem Waldspaziergang, der alles offenlässt, erhobenen Sektgläsern und verschütteten Wasserflaschen, einem vergessenen Mantel und einem Aufbruch mit Wollmütze. Das sind äußerst instabile Enden, in denen nichts festgeklopft und nichts abgehakt wird – aber dennoch sind es eben Abschlüsse, die Geschichte hört auf, die Figuren müssen nun allein weiterschwanken, und die Leser nehmen das gerne hin. Jedenfalls beschweren sie sich nicht.

Und ich weiß immer, wann es so weit ist. Wann ich aufhören muss. Wann es ein Ganzes ist. Manchmal schreibe ich noch ein wenig weiter, weil ich mich so an das Schreiben dieses Textes gewöhnt habe, weil es zu den letzten Monaten dazugehört hat und ich schöne Routinen nicht einfach aufgebe oder weil ich ausprobiere, wie es ist, über das Ziel hinauszuschießen. Aber ich weiß dann im Grunde schon, dass die Zeit vorbei ist und ich an einem fertigen Werk herumkritzele.

Woher kommt dieses Wissen? Wieso habe ich in der Kunst ein Gespür für etwas, das im sonstigen Leben sehr schwer herauszufinden ist?

Andere Künstler berichten mir von Ähnlichem. Ein Geiger, der seine Musik erfindet, während er sie spielt, der also endlos weiterspielen könnte, erzählt von einem deutlichen Gefühl der Wachheit, ja beinahe Alarmiertheit, wenn die musikalische Figur sich rundet. Maler scheinen auch oft solch ein Gespür für das Material und seine Zusammensetzung zu haben – Farben, Flächen, Linien, bis es ein Ganzes ist, nicht mehr und nicht weniger. Also in sich stimmig. Und jedenfalls nicht fortsetzbar.

Vielleicht ist es ja auch leichter, das Ganze zu sehen, wenn man es anschließend davontragen kann, als Buch oder Bild. Kleine ganze Werke zum Anfassen sind ungemein beliebt und der ganze Stolz ihrer Schöpfer.

Fertig gebaute Playmobil-Burgen, Modellflugzeuge, selbst genähte Steppdecken, Häuser und Gärten leuchten in vollendeter Ganzheit. Zufrieden lassen wir den Blick schweifen: der Gartenzaun zurückhaltend in einem matten Hellblau, das Spiel der Farben, Goldregen und Hibiskus, der Kompost verborgen hinter dem Geräteschuppen, ein frisch gepflasterter

Weg – was für ein Gesamtkunstwerk. Der Blick zeigt die Zusammenhänge, jeder sieht es, hier fehlt nichts mehr. (Übrigens: Ist die Betrachterperspektive Luxus? Müssen wir wohlgenährt und gut versorgt sein, um uns zurückzulehnen und eine Distanz zu uns selbst einzunehmen? Denn anders lässt sich das Ganze nicht sehen, weder beim Schreiben noch bei den anderen Werken, die wir bauen, basteln, kaufen, kleben.)

Jenseits der Dinge zeigt das große Ganze sein Gesicht nur verhüllt. Wenn überhaupt. Es weiß ja auch kaum jemand, wo man danach suchen sollte. Mein verworrenes Leben sehe ich doch immer nur in Ausschnitten. Ob sich das jemals ändern wird? Ob ich später, viel später zurückschauen und so etwas wie ein Ganzes erkennen werde? Warum ist es uns so wichtig, dass sich alles fügt? Fügt es sich eher, wenn ich mehr Lebenszeit übersehe?

So erzähle ich ja meine Lebensgeschichte – als immer wieder überraschende, aber doch auf einleuchtende Weise gefädelte Kette von Ereignissen. Die ersten Jahre, die Schule, die Umzüge. Die Lieben, die Reisen, die Abenteuer. Auch das Scheitern, die Verirrungen und Verletzungen. Immer führt ein Schritt zum nächsten, und so ergibt sich nach und nach ein vermessenes Gelände.

Wir erzählen uns als Teile eines Masterplans. Ganze Abende kann man damit verbringen; es sind schöne, tröstliche Abende. »Gut, dass ich damals den Studienplatz nicht bekommen habe«, sinniert ein Freund, »sonst wäre ich ja nie nach Berlin gegangen, und du weißt ja, was dann passiert ist.«

»Und wenn ich nicht nach diesem wahnsinnigen Streit mit meinen Eltern von zu Hause ausgezogen wäre.«

Endlose Verkettungen von Sinn können wir uns erzählen; vielleicht ist das der Ursprung allen Geschichtenerzählens. Viele unserer kleinen Mythen lassen wir in der Kindheit beginnen und finden dort Ursprünge, Veranlagungen, Konflikte angelegt – wie wenn sich durch alle Zufälle und plötzlichen Erschütterungen hindurch der rote Faden weiterspinnen ließe.

Ich glaube es nur nicht so ganz. Ich höre mir zu, wie auch ich diese Geschichten erzähle. Wie ich Bücher fertig schreibe, wie ich zurücktrete, um das ganze Bild zu sehen, und ich traue mir nicht. Ich weiß ja schon, dass es nicht genau so gewesen ist. Ich habe die Bruchstellen ja nicht vergessen, die Momente, in denen das Leben zersplittert ist. Je heftiger das Leid, desto weniger fügt es sich ein.

Kinder haben zwar kein Problem mit unvollendeten Bildern. Sie kritzeln drei, vier Striche auf ein Blatt, und den gut gemeinten Vorschlag des lobenden Erwachsenen, das Bild doch noch in Ruhe fertig zu machen, wischen sie weg. Aber bei Geschichten sind sie noch strenger als die Erwachsenen. Offene Enden, überhängende Fäden und Lücken machen sie wütend. Fragmente sind doch keine Geschichten. Ihre Gier nach Ganzheit und nach lückenlosen Erklärungen ist groß, und erst wenn alles fertig erzählt ist, jeder seinen Platz gefunden hat und keine Fragen offen bleiben, sinken sie zufrieden ins Kissen. Gehalten vom großen Ganzen, das sich so gut zu verbergen weiß.

Über das Schenken

Es ist leicht, zu schenken, und so schwer, beschenkt zu werden. Warum das so ist, weiß ich nicht. Aber an jedem Geburtstag erlebe ich es von Neuem. Der Gabentisch liebevoll geschmückt, die Päckchen im Halbkreis um den Frühstücksteller, der Gesang ist verhallt, alle schauen mich an. Die Morgenluft ist durchzogen von Erwartungen. Nun muss ich eine Vorführung bewältigen, die zugleich echt, gut gemeint und gespielt ist, eine schwierige Mischung. Hauptdarstellerin: ich. Erster Akt: Papier abstreifen (nicht zu langsam, nicht runterfetzen). Zweiter Akt: Augen aufreißen, Luft heftig einsaugen, ein langsames Strahlen blüht auf, die ganze Mimik ist durchsonnt. Die Augen suchen den Schenkenden, der sich vor Stolz windet, leise murmele ich: »Woher wusstest du …?« Dritter Akt: Geschenk loben, dankbar seufzen. Nichtfreude ist verboten, genau wie mangelnde Konzentration, Enttäuschung oder Empörung. Dem Schenkenden noch einmal zunicken, nächste Vorführung. Kein Wunder, dass man am Ende eines solchen Parcours erschöpft ist und Kuchen in sich hineinschaufelt.

Der Gipfel einer solchen Anstrengung war ein runder Geburtstag, ein Haufen Leute im Haus und ebenso viele Geschenke. Ich hatte mir vorgenommen, das Auspacken auf später zu verschieben, wenn das Haus wieder ruhig wäre und niemand mir über die Schulter schauen würde, wenn ich ganz in Ruhe ein Päckchen nach dem anderen öffnen und mich mal freuen und mal wundern könnte, ohne Publikum und ohne schlechtes Gewissen. Einer der Gäste machte mir aber einen Strich durch die Rechnung. Er zog mich zum Gabentisch, rief die Feiernden zusammen und verkündete, die Freude, mir beim Auspacken zuzusehen, lasse er sich jedenfalls nicht nehmen und sicher auch kein anderer. Die Gäste klatschten, nach und nach wurde der Beifall zu einem rhythmischen Stampfen, und alle riefen im Chor: »Aus-pa-cken! Aus-pa-cken!« Jegliche Gegenwehr war zwecklos, ich arbeitete mich mit einem Dauerstrahlen durch den Geschenkestapel, und jedes Weledafläschchen, jede selbst gebrannte CD und jeder Fotokalender wurde mit tosendem Applaus bedacht. Nicht, dass ich mich nicht gefreut hätte. Aber wenn die Intensität der Freude als Messlatte für die Innigkeit der Freundschaft gilt, wird es schwierig.

Ich versuche, diese Erfahrung beim Selberschenken zu beherzigen. Ich weiß ja, wie anstrengend es ist, sich angemessen zu freuen. Ich weiß auch, wie unwahrscheinlich es ist, genau das Richtige zu finden. Eine winzige Enttäuschung beim Beschenkten ist eigentlich gar nicht zu vermeiden, es sei denn, er hat das Geschenk vorher selbst gekauft oder so genaue schriftliche Angaben gemacht, dass man nichts mehr falsch machen kann. Wie mein Bruder, der als Kind im Märklin-Katalog die gewünschten Lokomotiven mit dickem Filzstift markierte, inklusive Preis und Bestellnummer, damit auch ja nichts schiefging. Die Geschenke öffnete er gelassen und mit nüchterner Zufriedenheit: »Ah ja, da ist sie ja – danke.«

Überhaupt ist das Schenken bei kleinen Kindern eine eigene Erfahrung. Ungeübt in sozialen Ritualen und erstaunlich resistent gegen die vibrierenden Erwartungen im Raum, zeigen sie ihre Gefühle relativ unverstellt und schonungslos. Kunstvolle Verpackungen mit farbigen Bändern, knisterndem Spezialpapier und liebevollen Kärtchen stören sie, die halten ja nur vom Geschenk ab und müssen rasch entfernt werden. Ein Blick auf das Kuscheltier oder die Kaufladenkasse, ein sachliches Nicken oder sofortiges Bespielen, fertig ist die Sache. Ich brachte einmal dem Kind von Freunden ein winziges mexikanisches Sorgenpüppchen mit, das man gegen Kummer unter das Kopfkissen legen konnte. Ich fand es hinreißend mit seinem schwarzen Minizöpfchen und dem fingernagelgroßen geblümten Kleid. Aber das Kind beugte sich fassungslos über das winzige Ding und brach sofort in Tränen aus. Erschrocken fragte die Mutter, ob ihr das Geschenk denn nicht doch gefalle. Das Kind schüttelte heftig den Kopf und rief: »Aber es ist viel zu klein! Und ich hab gar keinen Kummer!«

Oft müssen die Eltern dann stellvertretend den komplizierten Akt des Dankens, Freuens und Würdigens übernehmen, oder sie denken, sie müssten es. Es dauert eine ganze Weile, bis auch Kinder dieses vielschichtige Ritual beherrschen, ermahnt und bedrängt von gut trainierten Erwachsenen: »Jetzt freu dich doch mal! Oder sag wenigstens mal danke schön. War nicht so leicht zu finden, weißt du?« Gerne werden dann ausführliche Geschichten von der schwierigen Beschaffung des Geschenks erzählt: nächtelang gegoogelt, mit dem Bus ins entlegene Industriegebiet gefahren, nur um den Laden, schon lange geschlossen, mit Brettern vernagelt vorzufinden, aber irgendwie hat es dann doch noch geklappt – und freust du dich?

Ich tue all das auch ständig, als Schenkende und als Beschenkte, und ich liebe Geschenke. Für mich sind sie, unbelehrbar, wie ich manchmal sein kann, auf jeden Fall ein Indikator, das lasse ich mir nicht ausreden. Wer hat an mich gedacht, und was haben sie sich einfallen lassen? Dahinter schimmert die bange Frage: Was bin ich ihnen wert?

Eine alte Verwandte bat mich als Lieblingsgroßnichte immer eine Woche vor Weihnachten zu sich an den Kaffeetisch, als Privataudienz. Nur unter vier Augen, fernab vom weihnachtlichen Geschenkestrudel, bekam ich von ihr ein kleines, aber kostbares Geschenk feierlich überreicht, und meine Freude war so sorgfältig choreografiert wie ihr würdevoller Stolz. Irgendwann wartete ich dann vergeblich auf die Einladung. Ich rief sie an, besorgt, weil Abweichungen bei ihr sonst nicht vorgesehen waren. Sie hatte es vergessen. Und fing am Hörer an zu weinen. Das war noch niemals vorgekommen, und ich wusste nicht, wie ich sie trösten sollte.

Schließlich besuchte ich sie mit einem Geschenk. Ich dachte, man könne das Ritual einfach umstülpen. Aber so war es nicht, sie freute sich nicht und tat auch nicht so. Das nächste Weihnachten hat sie dann nicht mehr erlebt.

Deswegen bin ich bis heute froh, wenn alle drauflosschenken. Denn solange wir schenken, spielen wir mit im großen Spiel des Gebens und Nehmens.

Vernetzt

Sich vernetzen wollen alle. Bei mir ist es etwas anders: Ich muss es tun. Ganz ohne Internet. Heute auf langer Zugfahrt wieder gespürt: Zwischen mir und allen anderen ist ein dichtes Netz geknüpft, Fäden, die sich nie abstreifen lassen. Andere schlafen unbehelligt, mit halb geöffnetem Mund, eine Nackenrolle im Genick. Oder sie reden. Essen. Strecken sich aus. Ich kann das nicht. Meine Kaugeräusche könnten meine Sitznachbarin stören. Beim Schlafen könnte mein Bein auf den Gang rutschen und den Brezelverkäufer stören. Sogar das Zeitunglesen könnte missverstanden werden, signalisiert mir das Netz, das mich sekündlich mit Informationen versorgt: Wer schaut wie wohin, wer sagt was zu wem, was ist damit gemeint, und was könnte und sollte ich tun. Also saß ich hellwach, meine Ränder flirrend und zu allen Seiten hin sich ausdehnend, im Großraumwagen.

Kaum fuhr der Zug an, war ich vernetzt. Das Kind mir schräg gegenüber spürte es sofort. »Mama«, sagte es fragend und zeigte mir sein Polizeiauto. »Polizei«, sagte ich und versuchte noch, meinen Blick auf die Zeitung zu senken, aber es war unvermeidlich. »Polei«, lachte das Kind, kam zu mir und schob das Polizeiauto laut brummend über meinen Oberschenkel und den Kulturteil der Zeitung. Ich hob den

Blick, gleich zogen meine Fäden in die richtige Richtung. Da saß die Mutter, blass, Kaugummi kauend, Augen halb geschlossen. Sie wollte nur schlafen, und sie wollte, dass ich mit ihrem Kind spielte. Das Kind wollte es auch. Mein Netz sagt mir nicht, was ich tun soll, das kann ich schon selbst entscheiden, aber es ist aus sehr klebrigen Fäden gesponnen, die sich manchmal anfühlen wie Honig, manchmal wie Teer. Die Fäden führten meine Hand zum Polizeiauto. Das Kind grinste mich an. »Der muss ganz schnell fahren«, sagte ich, »schau mal«, und ich ließ das Auto mit lautem Sirenenheulen über die Zeitung, das Klapptischchen und den Bauch des Kindes fahren. Das Kind quiekte. »Mama nell«, sagte es und richtete sich gemütlich neben mir ein.

Wir machten Autojagden, fingen Verbrecher, hatten Luft- und Bodeneinsätze, und dann war das Polizeiauto müde und musste geparkt und meine Arbeit getan werden. Ich klappte den Laptop auf, nickte dem Kind zu und sagte bestimmt: »Jetzt muss ich arbeiten.« Begeistert krabbelte das Kind auf meinen Schoß. »Pjuta!«, rief es und fasste auf den Bildschirm.

Die Mutter öffnete ein Auge und starrte mich an. Der Blick war, sagte mir mein Netz, eine komplizierte Drohung. Sie hatte etwas damit zu tun, dass ich ausgeruht und frei aussah und sie nicht; dass ich einen schwarzen, schmalen Pullover trug und sie nicht; dass ihr Kind mich nur zwei Stunden lang behelligte und sie für immer. Seufzend lud ich ein paar australische Tierbilder hoch und diskutierte mit dem Kind über Wombats und Kängurus. Jetzt hat es etwas gelernt, dachte ich, und mein Netz gratulierte mir zu dieser didak- tischen Großtat, und dass ich mir darauf ja nichts einbilden solle, schob es gleich noch hinterher. Zugleich signalisierte es mir neue Informationen. Wieder hob ich den Blick. Ich sah direkt in die klugen Augen einer älteren Dame mit einem grauen Kurzhaarschnitt und einer randlosen Lesebrille. Der Faden zwischen mir und ihr war diesmal aus fein gesponnenem Honig; sie hatte gesehen und verstanden, was ich tat, sie wusste, dass dieses Kind niemals im Leben einen echten Wombat zu Gesicht bekommen werde, dass ich aber versucht hatte, ihm hier auf meinem Schoß rasch ein Türchen zur Welt zu öffnen, dass ich stolz darauf war und zu Recht, dass wir nicht aufgeben dürfen, in der Welt kleine Türen zu öffnen, auch wenn sie sich sofort wieder schließen. Am liebsten hätte ich ihr laut gedankt.

Da kam schon die Durchsage. Ich musste aussteigen und hob das Kind von meinem Schoß. Fast hätte ich mich von allen im Netz verabschiedet, das passiert mir öfter. Stattdessen winkte ich nur dem Kind zu. Aber es drückte sich ans Fenster, schaute auf die langsamer werdende Landschaft und hatte mich schon vergessen. Ich löste mühsam alle erforderlichen Fäden und stieg in Oldenburg aus. Jetzt musste ich erst mal eine rauchen, auf dem Bahnhofsvorplatz, ganz in Ruhe. Ich stellte mich an die rote Sandsteinwand, auf die sogar ein Streifen blasse Wintersonne fiel, und schloss die Augen. Aber es half nicht. Schon schlug mein Netz Alarm. Ein neuer Faden entstand, ob ich wollte oder nicht. Noch war er hauchdünn, gewann aber sekündlich an Stärke. Erschöpft öffnete ich ein Auge. Da kam jemand auf mich zu, ein Obdachloser, der wie ich auf dem Bahnhofsplatz herumstand. »Hast du eine?«, sagte er und winkte mit dem Feuerzeug. Jetzt wollte ich eigentlich gar nicht mehr rauchen. Aber ich tat es doch und lehnte mich wieder an die Wand, während er sich neben mich setzte und anfing, von seinem Leben zu erzählen.

Lebensstriche

〰〰〰 Niemand, der heute jung ist, kann einfach nur schön sein. Oder gar hässlich. Ständig muss überlegt, geredet, geplant, abgewogen und geshoppt werden in Sachen Schönheit. So geht es auch meinen schönen Töchtern, obwohl sie tapfer versuchen, eine Art Immunität aufzubauen gegen Markenschönheit und makellosen Hochglanz. Ihre Jugend, ihr Witz, ihre Eigenheit, ihre Lebendigkeit, das alles leuchtet aus ihren unverbauten Gesichtern; als Mutter schaue ich ihnen stolz und ein wenig besorgt hinterher, wenn sie aus dem Haus stürmen, mit raffiniert geschlungenen Schals um die langen Hälse und ihren duftigen Haarmähnen und einem verschmitzten Grinsen, das vielleicht etwas bedeutet, das mir nie vergönnt war: Sie sind mit sich zufrieden.

Ich dagegen gewöhne mich jetzt erst, nach fünfzig Jahren, allmählich an meine Locken. Ich weiß, welche Farben mir nicht stehen, aber noch lange nicht, welche mir stehen. Ich traue mich erst seit Kurzem, hohe Schuhe auszuprobieren (meine Töchter machen das, seitdem sie laufen können). Und zugleich ist das alles nichtig und flüchtig, denn Schönheit kommt ja angeblich von innen, das predigen sie ja alle, sie hat mit Klarheit, Reife und Wahrhaftigkeit zu tun, und dann wird man von allein schön. Im Auge des Betrachters und so.

Ich beschließe, in Sachen Schönheit ein wenig Feld-forschung zu betreiben, und greife wie immer zuerst zur Literatur. »I've never worn sunglasses«, sagt ein alter austra-lischer Dichter, auf den ich viel halte. Ist er schön? Auf jeden Fall ist sein Gesicht ein einziges wildes Geknitter. Dafür hat er, meint er zufrieden, die Welt immer im blendend klaren Tageslicht anschauen dürfen.

»Ach, die Schönheit«, seufzt meine Kosmetikerin, Exper-tin in Schönheitswünschen aller Art. Sie ist selbst schon ein wenig in die Jahre gekommen und von großer Gelassenheit, deswegen hat sie sicher so viele Kunden, auch Männer. »Weißt du, wir bleiben doch alle Mädchen; Mädchen mit Falten.«

Am besten, ich besuche meine achtzigjährige Freundin Julia, die mir an Klarheit und Reife kilometerweise voraus ist. Während wir Tee trinken, schaue ich sie unauffällig an und mache eine Bestandsaufnahme. Faltenkränze um Au-gen und Mund, Furchen in Stirn und Wangen, man könnte noch genauer und gnadenloser beschreiben, was das Alter in ihrem Gesicht so treibt. Überstrahlt von einem Lächeln, das an Wärme und Schalk nicht zu übertreffen ist, und von klugen grünen Augen.

»Was starrst du mich so an?«, fragt Julia. »Ich finde dich schön«, sage ich schnell und schäme mich für meine spitz-findige Mängelliste. So funktioniert das nicht mit der Schön-heit, sie setzt sich nicht aus Kleinigkeiten zusammen, sie ist eben doch etwas Größeres. Da seufzt Julia und streicht sich über den Hals, um den sie sonst meistens einen Schal geschlungen hat.

»Das sagst du so, aber wenn ich in den Spiegel schaue und die alte Indianerin sehe, die ich sein soll, mit ihrem Krötenhals und ihrer dürren Nase, dann erkenne ich mich nicht.«

Sofort fahre ich dazwischen, sie hat keinen Krötenhals, Indianer sind von edler Schönheit, ich will später so aussehen wie sie.

»Du hast keine Ahnung.«

Ich begreife nicht ganz, was sie meint, bis sie hinter sich in eine Schublade greift, ein Foto herausholt und mir neben die Teetasse legt. Diese junge Frau mit dem verwegenen Blick, an eine Felswand gelehnt, wirre feuchte Locken in der Stirn – diese Frau ist umwerfend, und es ist Julia mit zwanzig.

»Und genauso wie diese Frau fühle ich mich immer noch«, ruft Julia, der allmählich die Geduld ausgeht mit meinem Schönheitsgesäusel, »aber ich sehe nicht mehr so aus!« Das kann ich kaum bestreiten. Ich traue mich auch nicht mehr, sie mit der inneren Schönheit zu besänftigen. Plötzlich ahne ich, wie es sich anfühlen muss, wenn Außen und Innen auseinanderbrechen.

»Jetzt sei ehrlich«, sagt Julia, »welche ist schöner?« Sie hält das Foto neben ihr Gesicht. Sofort ist klar, dass ich auf keinen Fall antworten kann. Das sage ich ihr auch, und weise, wie sie ist, zwingt sie mich nicht.

Auf dem Rückweg lasse ich meinen Blick schweifen, die Stadt ist voll, das gesamte Spektrum der Schönheit von Minus bis Plus. Die Jungen, die an mir vorbeijoggen oder elegant ihre Mantelkrägen hochschlagen, haben gut reden. Die Alten, die mit ihren angeschlagenen Körpern durch die Straßen treiben, vermissen sich selbst. Und ich, irgendwo dazwischen, weiß auf einmal nicht mehr, was ich eigentlich herausfinden wollte.

Zu Hause wühle ich in meiner alten Fotokiste, bis ich ein Bild von mir finde, als ich ungefähr zwanzig war. Ein unentschlossenes Mädchen in einem Männerpulli, die Locken mühsam in einen Pferdeschwanz gekämmt, die Hände vorsichtig in die Taschen geschoben. »Aha«, sage ich zu dem Mädchen, »und was soll ich mit dir jetzt anfangen?« Misstrauisch schaut es mich an, es fühlt sich taxiert, es möchte in Frieden gelassen und freigelassen werden, es hat erst sehr wenig ausprobiert und eine gewaltige Unruhe in sich. »Ich tu dir ja nichts«, murmele ich, halte das Bild neben mein Gesicht und gehe vor den Spiegel. Da schauen wir beide uns an, die Junge und die Mittlere, und ich würde dem schüchternen Mädchen am liebsten ein paar aufmunternde Worte sagen, aber dafür ist es ja schon zu spät.

Meine jüngste Tochter kommt ins Bad gestürmt, ein Reitmädchen, für das nur Pferde schön sind, und will sich den Stallmist von den Händen schrubben.

»Was machst du denn da?«, fragt sie mich, als sie mich vor dem Spiegel zaudern sieht. »Na, ich denke über Schönheit nach, mit all den Falten und so«, sage ich hilflos. Ich weiß, dass sie keine Ahnung hat, was ich meine.

»Das in deinem Gesicht«, sagt sie fachkundig, stellt sich auf die Zehenspitzen und fährt mir die Mundwinkel entlang, »das sind Lebensstriche.«

Dann sieht sie das Foto in meiner Hand, betrachtet es kurz und schüttelt den Kopf. »Und wer ist das?«

Die Kinder,
die wir waren

～～～～ Manchmal sehe ich einem Kind an, wie es als Erwachsener aussehen wird. Oder ich meine, in einem erwachsenen Gesicht zu ahnen, wie das Kind aussah, das nun eine gefurchte Stirn, ausgeleierte Ohrläppchen und feinen grauen Flaum an der Schläfe hat. Diese Frau mir gegenüber in der Straßenbahn war vor dreißig, vierzig Jahren – ich weiß es plötzlich, ja ich sehe es – ein blasses, etwas knochiges Mädchen, das niemals Schmuck trug, das Gesicht damals streng gerahmt von zwei schwarzen, fest geflochtenen Zöpfen, die Augen von einem wässrigen Blau ganz wie heute, ein leiser Vorwurf um die Lippen.

Ich schaue und schaue, und die Jahre schmelzen unter meinem Blick, die Fältchen um die Lippen glätten sich, und beinahe ist es so, als offenbare sich mir nun etwas Zeitloses, eine Art Kern, das eigentliche Gesicht dieser Fremden, das sie tragen wird bis zu ihrem Tod. Was maße ich mir an! Fast eine Form der Belästigung, dieses Starren durch die Schichten der Zeit hindurch; vielleicht ist diese Frau ja heilfroh, ihrer Kindheit entronnen zu sein und endlich anders auszusehen, und überhaupt, wer möchte denn schon mit Röntgenaugen von seinem Gegenüber angeglotzt werden, ich jedenfalls nicht.

Obwohl es mich schon interessieren würde, was jemand entdecken könnte, der mich als Kind sieht. Wie ich damals aussah, weiß ich natürlich: von Fotos, den herzigen Pixi-Bildern aus dem Fotostudio, mein Bruder und ich mit ordentlich gekämmten Haaren, die Ärmchen artig auf eine Frotteeunterlage gestützt, zwischen uns ein rotes Spielzeugtelefon. Selten fühle ich mich so erwachsen wie beim Betrachten dieser Fotos, unendlich weit weg von diesem Kind, das ich war. Irgendwie kommt mir die Sechsjährige, die mich da so höflich anlächelt, mit ihrem etwas schiefen Pony und ihren apfelrunden Backen, mit dem Strickpullunder von der Großtante und der unternehmungslustigen Nasenspitze wie eine Schauspielerin vor. Jemand hat sie gecastet für den Film meines Lebens, aber mich hat er nicht gefragt, ob ich einverstanden bin mit der Besetzung. Lieber wäre mir ja ein wilderes Kind gewesen, eine kleine Ronja Räubertochter, ein zotteliges Mogli-Mädchen. Mein Körper erinnert sich nicht daran, jemals so frisch gebügelt stillgehalten zu haben, er erinnert sich an Klettern, Schubsen und das staubige Versteck unter der Gartentreppe. Das alles traue ich aber dem Mädchen auf dem Pixi-Bild kaum zu. Vielleicht könnte ja jemand den Wildfang, der ich auch war, in meinem Gesicht finden, jemand, der, wie manchmal ich, die Jahre in einem Gesicht zum Schmelzen bringen kann.

Andererseits gibt es Menschen, die mich in Sekundenschnelle zu dem gekämmten Mädchen mit dem Strickpullunder machen können. Dazu müssen sie nur die Augenbrauen auf eine bestimmte Weise heben, mir vorschlagen, den Reißverschluss meiner Regenjacke hochzuziehen, oder mir den Syrienkrieg ausführlich erklären. Ich will dann ein wenig in mich zusammensinken und ab jetzt immer meine Hausaufgaben machen. Das ist der erste Impuls. Da ich aber zugleich gelernt habe, gegen diese Verwandlung in ein Pixi-Bild anzukämpfen, räuspere ich mich sogleich, richte mich hoch auf, steuere meine Ansichten zur politischen Lage mit fester Stimme bei und lasse die Regenjacke absichtlich offen.

Wieso? fragen Freunde, die alles daransetzen, das Kind in sich am Leben zu erhalten. Sie glauben, Kindlichkeit sei gleichzusetzen mit Spontaneität und Lebensfreude. Manchmal belegen sie sogar teure Kurse für Menschen, die zu ihrem inneren Kind zurückfinden wollen. Ich solle doch froh sein, dass ich noch Kontakt zu dem kleinen Mädchen habe, zu seiner Freude, Verrücktheit und den Ideen von damals. Andere müssten sich dafür erst verkleiden oder meditieren. Ich glaube, sie vergessen gern, von wie vielen Regeln, Ängsten, Erwartungen und Pflichten unsere Kindheiten durchzogen waren. Dass ich eben damals nicht Pippi Langstrumpf war, als ich bei Pixi in die Kamera gelächelt habe. Damit ich dorthin nicht noch einmal zurückmuss, habe ich verschiedene Abwehrmanöver eingeübt, Strategien des Erwachsenseins.

Um sie einsetzen zu können, musste ich zunächst herausfinden, was genau mich denn zum Pixi-Kind werden lässt. Es ist eine komplizierte Gemengelage, die mit Augenhöhe zu tun hat. Wenn mein Gegenüber schnittige, selbstgewisse Redewendungen, ausgeprägtes Entscheidungsgebaren und Fahrtüchtigkeit vorweisen kann, trage ich plötzlich Kniestrümpfe. Auch Eleganz, damenhafte Erscheinungen und abgebrühte Manieren lösen immer wieder dieses Gefühl in mir aus: Eigentlich bin ich ja nie wirklich erwachsen geworden. Wenn Menschen sich weltläufig und stilsicher zu kleiden verstehen, wenn sie rückwärts einparken können und einfach immer wissen, woher der Wind weht, trifft das auf meinen kindlichen Wunsch, Ambivalenzen für einen Augenblick zu vergessen. Einfach mal gesagt zu kriegen, was ich in dieser undurchschaubaren Welt zu tun habe. Einfach mal die Jacke zu schließen und die Kaninchen rechtzeitig zu füttern und früh schlafen zu gehen. Weil aber das Kindgefühl auch etwas mit Unterlegenheit zu tun hat, will ich es nicht hinnehmen, wehre mich, tue das Gegenteil und beharre auf meinem Erwachsensein. Bloß nicht das ewige Kind bleiben. Sich nicht beeindrucken lassen. Sich nicht zurückwünschen, denn es gibt kein Zurück.

Ich weiß, was auch gut funktionieren würde. Wenn ich meinen zeitschmelzenden Röntgenblick bei diesen Profi-Erwachsenen einsetzen könnte, würde hinter dem makellosen Antlitz der souveränen Dame, hinter dem gut rasierten Kinn des weltgewandten Herrn der kleine, dickliche Junge auftauchen, das blasse Mädchen mit den schüchternen Nasenlöchern, das tapsige Kerlchen, das niemand in die Völkerballmannschaft wählt. Leider kann ich mir nicht aussuchen, wann ich in die Vergangenheit einer Biografie schauen kann und wann nicht. Bisher hat es nur in der Straßenbahn funktioniert.

Aber ich werde es üben. Vielleicht klappt es dann irgendwann auch bei mir selbst.

All diese Souffleusen

»Also, Grün solltest du nicht tragen«, hat mir meine Mutter früher eingeschärft. »Grün macht dein Gesicht gelblich, und du siehst aus wie ein leberkranker Förster.« Erschrocken ließ ich die Finger von den grünen Klamotten, zu denen ich mich immer schon hingezogen gefühlt hatte, sie hingen so schön moosgrün und farngrün, froschgrün und blättergrün auf den Kleiderstangen und wollten von mir gekauft werden. Aber wie ein gelblicher Förster wollte ich doch nicht aussehen. Konsequent schenkte mir meine Mutter ihr Leben lang immer nur Kleider, die aussahen wie ihre eigenen, was kein Nachteil war, weil sie einen erlesenen Geschmack hatte – gut geschnitten und schwarz, weiß oder blau. Später erklärte mir dann ein Liebhaber, er müsse das jetzt einfach mal sagen, auch wenn es mich vielleicht kränke, aber Blau stehe mir so gar nicht. In blauen Kleidern sähe ich aus wie eine chinesische Wanderarbeiterin oder ein verirrter Cowboy ohne Pferd. Es gab weitere ernst zu nehmende Ratschläge aus meiner näheren Umgebung. Keine schlackernden Hemden mehr, oder wollte ich als ewiger Hippie durch die Welt laufen? Bauchfrei auch wieder nicht, schließlich war ich nicht mehr vierzehn. Ich solle doch einfach das nehmen, was mir gemäß sei, statt mich zu verkleiden.

Ich habe versucht, diese gut gemeinten Ratschläge einfach abzuschütteln, habe absichtlich zu grünen Jacketts und leuchtend blauen schlabbernden Hemden gegriffen, aber jedes Mal, wenn ich diese Dinge mit frisch geschürtem Jetzt-erst-recht-Gefühl überwarf, spürte ich die Blicke meiner Ratgeber, sogar derer, die längst schon aus meinem Leben verschwunden oder gestorben waren. Skeptisch legten sie den Kopf schief, musterten mich nachdenklich und bissen sich auf die Lippen, um es nicht noch einmal zu sagen, aber das war gar nicht nötig, ich wusste es ja schon längst: Ich sah aus wie ein Cowboy ohne Pferd. Nun konnte ich entweder durchhalten und trotzig versuchen, mich dennoch schön zu finden, oder einfach nachgeben und die schicken schwarzen Kleider meiner Mutter aus dem Schrank holen. Aber vielleicht war es ja auch einfach nicht wichtig, dachte ich eine Zeit lang.

Dann hörte ich von anderen Schicksalen. Meiner Freundin Marie hat ihre Mutter gesagt, sie habe einen Hals wie ein Schwan, ob ihr das bewusst sei – sie solle das Beste daraus machen. Seitdem trägt Marie Rollkragenpullover und im Sommer Seidenschals, und ich habe mich lange gewundert, ob ihr das nicht zu warm sei.

Die grausame Etikette, mit feinen Worten zart eingraviert, scheint sich wohl vor allem von Müttern zu Töchtern weiterzugeben. Schlimm waren aber auch die beiläufigen Worte eines älteren Verwandten, als wir gemeinsam durch Hamburg gingen, auf der Suche nach einer bestimmten Adresse, und ich mich ordentlich verirrte. Der alte Onkel verlangsamte seinen Schritt, schnaufte unwillig und konnte sich irgendwann die schneidende Bemerkung nicht mehr verkneifen, ich hätte ja wohl überhaupt gar keinen Orientierungssinn, das kenne man ja, typisch Mädchen. Damals lachte ich und merkte erst später, wie tief seine Worte in mich eingedrungen waren, wie ich ständig, wenn ich mich in fremden Gegenden bewegte, entweder befürchtete, mich nun doch wieder zu verlaufen, oder übermäßig stolz auf meinen Orientierungssinn war, der mich autark und selbstbewusst meinen Weg finden ließ, und wenn das der Onkel wüsste, würde er mal staunen.

Zum Glück bin ich nicht mehr ständig damit beschäftigt, die Zuschreibungen anderer zu befolgen, zu unterlaufen oder zu widerlegen. Aber es ist gar nicht so ohne, die Festlegungen, die in den Worten anderer oder manchmal auch nur in den Blicken mitschwingen, zu entkräften. Jedes Gelände, auf dem ich mich bewege, ist ja immer schon vermint. Im Grunde muss ich diese verborgenen Minen dauernd erkennen, freilegen und entschärfen. Manchmal sind es auch nur Attrappen, und ich muss lachen, wenn ich sie ausgrabe und in der Hand wiege. Wie, davor habe ich Angst gehabt? So habe ich mich einschüchtern lassen? Wer, bitte schön, denkt, ich hätte zwei linke Hände? Wer hat mir zu sagen, ob ich mich gut in der Welt auskenne oder nicht?

Da ist ja die Kleiderfarbe noch ein eher harmloses Gebiet. Weiter reichen Vermutungen über tief sitzende Charakterzüge: »Du bist halt eben ängstlich!« »Du warst immer schon so furchtbar empfindlich.« »Ein schwieriges Kind.«

Das sind Sätze mit großen Vorhöfen und weitreichenden Luftwurzeln, die sich überall einhaken, wo sie nur können. Kleine raffinierte Drehbücher, aus denen wir manchmal nicht mehr herauskommen, selbst wenn wir wollten. Denn selbst wenn wir dann einmal nicht ängstlich sind, ist auch das im Drehbuch als Ausnahme vorgesehen: »Ah, heute warst du aber mal richtig mutig. Also – für deine Verhältnisse, meine ich.« Als Figur in meinem eigenen Stück kann ich mich eben nicht völlig frei entwerfen, auch wenn ich das früher gern geglaubt habe. Ich hatte mir eine schöne Rolle auf den Leib geschrieben, als coole junge Schreiberin, wild und frei und natürlich ohne Förster. Wie subtil die Souffleusen von allen Richtungen ihre Sätze einsprachen, wurde mir erst über die Jahre klar. Sätze wie »Du meinst wohl, du müsstest es allen recht machen« oder »Immer noch so empfindlich wie eine Mimose?« flankierten meinen Weg. Ich setzte alles daran, sie zu überhören. Ich musste auch lernen, dem Applaus weniger zu trauen – denn meistens wurde ich gelobt, wenn ich so war, wie es alle schon immer gewusst hatten. »Keinen Nagel in die Wand schlagen können, aber diese blühende Fantasie – so bist du einfach!«

Wenn ich Komponistin wäre, würde ich all diese Sätze sammeln und daraus einen großen Choral komponieren. Und während der Aufführung würde ich mich leise aus der ersten Reihe davonschleichen, als ginge mich das alles gar nichts an. Im Foyer würde ich still einen Sekt trinken, die polyphonen Klänge dieses Stimmengewirrs noch im Ohr, und dann langsam davongehen und den Chor singen lassen. Draußen wartet Marie auf mich, um mit mir neue Kleider zu kaufen, in Farben, von denen wir beide noch nie gehört haben. Und dazu einen Werkzeugkasten. Den haben wir uns beide schon immer gewünscht. Und keiner hat es geahnt.

Lernen ist wie Verliebtsein

〜〜〜〜〜 Vor ein paar Jahren habe ich versucht, Zink zu lernen. Der Zink ist ein ziemlich seltenes Instrument aus der Renaissance, ein gekrümmtes Rohr mit Fingerlöchern und einem trompetenartigen Mundstück. Gespielt von einem Könner klingt er wie ein göttliches Saxofon, das aus vergangenen Jahrhunderten herübertönt direkt ins Herz. Gespielt von mir klingt er wie ein asthmatischer Kater. Mein Lehrer, ein virtuoser Zinkenist und Meister, zugleich ein Ausbund an Freundlichkeit und Geduld, ermutigte mich zu tieferer Atmung und besserer Zwerchfellstütze, schlug mir eine aufrechtere Haltung und innere Sammlung vor. Ich versuchte all das, aber nach ungefähr einem Jahr fast täglichen Übens begriff ich, dass ich dieses Instrument nicht würde erlernen können. Die Menschen in meiner näheren Umgebung seufzten verhalten, wenn ich mich an meinen Notenständer setzte (eigentlich brauchte ich keine Noten, weil ja kaum ein Ton herauskam). Manche verließen auch den Raum, Türen wurden deutlich hörbar geschlossen. Oder ich ging freiwillig gleich in den Keller. Für mein Scheitern gab es viele mögliche Gründe: Meine Lippen waren zu fransig, die

Bauchmuskeln zu wenig gestrafft, der Atem nicht verlässlich genug, oder vielleicht lag es an der inneren Haltung, das behielt mein Lehrer für sich. Er verlor nie die Geduld und gab mich nicht auf. Aber als ich dann ankündigte, den Unterricht beenden zu wollen, nickte er, als habe er es schon lange gewusst.

Trotz dieser Erfahrung – oder vielleicht deswegen – glaube ich daran, dass der Zustand des Lernens uns wach und jung hält. Und damit meine ich nicht das alltägliche Dazulernen, dem man ja gar nicht entrinnen kann. Natürlich lerne ich ständig, es geht nicht anders. Ich lerne, mein Handy selbstständig upzudaten, und meine IBAN auswendig, ich lerne, Schuhsohlen anzukleben und Parkett selbst zu ölen und in der Tiefgarage neben dem Betonpfeiler rückwärts einzuparken. Diese Lektionen wirft mir der Alltag vor die Füße. Aber dieses burschikose Überlebenslernen meine ich nicht. Und auch nicht das Lernen, zu dem man uns immer wieder verdonnert hat, vor allem zu Schulzeiten, mit vorgeschriebenem Stoff und regelmäßiger Kontrolle.

Für die Zinkstunden gab es kein Curriculum und keinen vernünftigen Grund, im Gegenteil: Alles sprach dagegen. Es kostete Geld und unendlich viele Abendstunden, ich hatte viel zu spät angefangen und würde niemals Monteverdis *L'Orfeo* spielen können. Das wusste ich nur allzu gut. Doch diese vibrierenden Klänge, die sich aus tiefer Wärme in leuchtende Höhen hinaufschrauben können, hatten sich so tief in mich hineingebohrt, dass ich sie unbedingt selbst machen wollte.

Immer wenn ich etwas sehr liebe, will ich es machen. Das

ist bei Büchern so, bei Holz, im Museum und vor allem in der Musik. Auch wenn ich jemanden mit eleganter Ausdauer über die Felder joggen sehe, will ich das können. Die Jongleure neulich, die mit Bällen, Gläsern und Äpfeln hantierten, als zögen sich unsichtbare Fäden zwischen den Dingen und ihren schnellen Fingern. Die Gehörlosendolmetscherin, die mit den Händen eine ganze Sprache in die Luft zeichnete. Der Tierarzt, der die Wunde an der Flanke meiner Hündin gewandt und, ohne zu zögern, zusammennähte. Ich will das auch können. Man kann doch nur staunen über die Fertigkeiten, die Menschen sich mühsam zugelegt haben. Es ist dieses Expertentum, das mich rührt und freut, und am meisten dann, wenn jemand Jahre oder Jahrzehnte damit verbracht hat, ohne dass es sich auszahlt oder kommerziell bemerkbar macht. Zink spielen um der Musik willen (oder in meinem Fall eben besser nicht). Etwas einfach tun der Schönheit halber. Mein Leben wird nicht lang genug sein, um alles zu lernen. Aber ich setze doch immer wieder an, um reicher zu werden: nicht mit Dingen, sondern im Können.

Lernen fühlt sich an wie Verliebtsein. Am Anfang weiß ich nichts. Ich taste mich voran, die Hände weit ausgestreckt, um mir im Dunkeln nicht die Stirn aufzuschlagen. Jeder Schritt ist ein Quantensprung, die Lernkurve rasant. Zunächst war der Zink nur ein kurviges Rohr; dann wussten meine Lippen in etwa, wie sie sich in das Mundstück schmiegen mussten; die Finger fanden ihren Platz auf dem schlanken Instrument; und der Atem, den ich immer wieder hineinpumpte, formte sich zu zaghaften Geräuschen, fast schon Tönen, man könnte eine Melodie ahnen. Aus dem

Nichts entstand die Ahnung von etwas. Leider versiegte diese Liebesgeschichte im Sand; nicht immer gibt es eben ein Happy End. Aber darauf kommt es mir beim Lernen auch nicht unbedingt an.

Denn Lernen bedeutet auch Demut; zu sehen, was ich noch lange nicht kann und wie weit die Strecke ist, die ich zurücklegen muss. Der Zustand der Wachheit, die gewollte Anstrengung und das Glück der kleinen Schritte – darum geht es, und das brauche ich.

Gut, ich gebe es zu: Ich bin ein Lern-Junkie. Lifelong Learning nennt man wohl, was mich umtreibt. Aber ohne Fachbegriff macht es noch mehr Spaß. Und Sinn. Ich glaube, jedes Lernen ist eine Form des Sinnmachens, in immer anderen Medien, mit immer anderen Materialien. Und weil ich vom Sinn nicht lassen kann, mag ich auch nicht aufhören mit Lernen.

Eine Freundin, die auf den miserablen Zustand der Welt mit Ausstiegsfantasien reagiert, hat mir neulich vorgeschlagen, nur noch Dinge zu lernen, die mir im Fall der Apokalypse beim Überleben helfen könnten. Also Erste Hilfe, Tiere jagen, Wildkräuter kennen, Kleider aus Lastwagenplanen nähen und Hausbau. Die Idee finde ich umsichtig, aber dann wäre mein Lernen ja auf einen Zweck gerichtet – und damit hätte ich es in Dienst genommen und strategisch genutzt, und schon verlöre es seinen funkelnden Reiz.

Am Ende meines Lebens werde ich vermutlich viele seltsame Fertigkeiten erlernt haben. Ich werde Körbe flechten und die letzten noch existierenden Citroën 2CV reparieren können. Vielleicht auch Klaviere stimmen, Gemüse anbauen,

Halbmarathon laufen und Japanisch sprechen. Vielleicht. Aber eines ist so gut wie sicher: Im Lehnstuhl werde ich mir es nicht bequem gemacht haben – lieber selbst einen bauen.

Was wäre gewesen, wenn ...

Ich weiß nicht, wann ich damit angefangen habe, mich von Möglichkeiten zu verabschieden. Mit der viel beschworenen Midlife-Crisis hat das nichts, aber auch gar nichts zu tun. Schon mit dreizehn oder vierzehn begriff ich, dass viele Möglichkeiten offenstanden, aber genauso viele Türen sich bereits geschlossen hatten. Ich würde niemals eine begnadete Flötistin werden, die mit unfassbarer Leichtigkeit durch die Brandenburgischen Konzerte tanzt. Meine Finger waren zu langsam, mein Atem zu unstet, egal wie viel ich übte. Niemals würde ich auf dem Pferderücken eine gute Figur machen – eine Pferdehaarallergie lässt sich eben nicht wegtherapieren. Und ich fand mich damit ab, niemals eine mysteriöse Persönlichkeit werden zu können, so wie der schweigsame Junge, der in der Kirche an Sonntagabenden manchmal Cello spielte. Ich bin dafür nicht gemacht – zu gesprächig, zu gesellig, zu mitteilsam. Und auch wenn man an vielem arbeiten kann, daran würde sich, das ahnte ich schon als Teenager, so schnell nichts ändern.

Dann explodierten eine Zeit lang die Möglichkeiten. Innerhalb der Rahmenbedingungen meiner Seele, die ich nach und nach erforschte, konnte ich so gut wie alles tun. Dachte ich. In Irland oder in Amerika leben, allein oder mit anderen, keine Kinder oder jede Menge, Lehrerin, Journalistin oder Künstlerin werden und am liebsten alles auf einmal. Das Gefühl der Fülle: ein voll behangener Kirschbaum. Und ich auf einem dicken Ast mittendrin, zwischen den prallen Früchten, ich brauchte nur neben mich oder über mich zu greifen – Ernte überall. Ich schmauste, hängte mir Kirschen hinters Ohr, und wenn ich von den Kirschen genug hatte, könnte ich einfach zum Birnbaum wechseln, aber auch Quitte war nicht zu verachten.

Zugleich erloschen auch damals schon immer wieder Optionen. Jede getroffene Entscheidung schob sich vor eine nicht gelebte Alternative. Manchmal ertappte ich mich dabei, dass ich der ein oder anderen Lebensverästelung hinterherfantasierte. Das alte Was-wäre-gewesen-wenn-Spiel, bei Philosophen und Historikern bekannt als kontrafaktisches Denken: Fantasien, die die eigene Biografie umranken.

Was wäre gewesen, wenn … ich doch noch ein Jahr länger in Schottland geblieben und in das kleine, baufällige Haus am Strand gezogen wäre? Die Bucht war ein geschwungenes Oval, der Sand schimmerte bernsteinfarben unter dem verhangenen Himmel. Niemand badete dort, und zwischen den Dünen standen Mückenschwärme. Ich hätte das kleine Haus ausgefegt und Fliegengitter vor die Fenster montiert, hätte auf dem Sand Feuer gemacht und aus Treibgut kleine Objekte geschliffen. Vielleicht hätte ich dort auch geschrieben. Aber wovon hätte ich gelebt? Wen hätte ich kennengelernt? Und wen hätte ich nie getroffen?

Und was wäre gewesen, wenn … ich Jura studiert hätte, Anwältin für Menschenrechte geworden wäre und in Afrika für die Rechte zwangsverheirateter Mädchen gekämpft hätte? Oder wenn ich in der langen Ticketschlange vor der *Royal Shakespeare Company* den Jungen angesprochen hätte, der direkt vor mir mit seinen Freunden lachte und so gutmütige Augen hatte? Oder wenn ich dem kranken Freund anders und besser zugehört hätte?

Große und kleine Abzweigungen – manche habe ich übersehen, andere ausgeschlagen, viele einfach vergessen. Gelegentlich blitzen sie auf, wenn ich in ein Gesicht schaue, auf eine Erinnerung stoße oder aufhorche, weil eine Kirchenglocke dunkel schwingt oder ein Müllcontainer scheppert. Solche Geräusche können angelehnte Türen aufstoßen, und ich schaue hinein in die anderen Möglichkeiten und sehe mich in einem parallelen Leben, das ich ebenso hätte führen können. Vielleicht.

Eine Zeit lang hat mich das Was-wäre-wenn-Spiel melancholisch gemacht. Das Wissen um die Begrenzung meiner Zeit zieht sich durch die vielen Lebenstage. Es ist der rote Faden einer Kette, auf der all die Möglichkeitsmomente aufgereiht sind. Wenn ich diese Kette durch meine Finger gleiten lasse und zu lange auf die einzelnen Perlen schaue, gerät die Fantasie ins Schleudern und lässt die Gegenwart verblassen. Dann scheint das, was ich habe, müde und routiniert, und alles andere leuchtet verheißungsvoll, niemals auf Alltagstauglichkeit getestet, neu und frisch. Zum Glück habe ich dagegen ein unerbittliches Gegenmittel gefunden: Ich schicke meine Fantasie tief in die funkelnde Möglichkeit hinein und stelle mir alles ganz genau vor. Zum Beispiel, wie wohl der Alltag in dem schottischen Häuschen ausgesehen hätte. Vielleicht wären die Fliegengitter undicht gewesen, und ich wäre jeden Morgen zerstochen aufgewacht. Vielleicht hätten der Regen und die Winterstürme mich mürbe gemacht, und abends hätte ich vergeblich auf Besuch gewartet. Eine ungnädige Methode, denn so lässt sich der Zauber eines anderen Lebens relativ rasch wegdenken. Damit verliert aber auch meine Kette ihren Glanz, und ich muss sie beiseitelegen.

Zerstörerische Spiele sind auf die Dauer nicht das, womit ich arbeiten will. Es muss eine andere Möglichkeit geben, auch hier.

Das wäre eine Denkaufgabe: die Perlen glänzen lassen, ohne die Kette auseinanderzureißen. Sich ohne Reue und ohne Bitterkeit schmücken mit dem, was war, und dem, was hätte sein können. Das eine begleitet das andere wie ein unsichtbarer Zwilling. Inzwischen gibt es unzählige Perlen auf meiner Kette. Ich werde in diesem Leben keine gute Gärtnerin werden; meine Gärten sind struppig und schneckenreich und blühen nie so, wie ich es geplant habe, oder gar nicht. Ich werde keine Wirtschaftsexpertin werden, werde viele Instrumente nicht spielen lernen, werde mir niemals ein Kleid nähen. Afrika wird mir fremd bleiben, ebenso wie das Geheimnis der weiblichen Eleganz, die Gesetze der Physik und der Marxismus. Ich werde keine Therapeutin und keine Logopädin sein können, werde keine Langstrecken laufen und nicht am Meer leben. Meine Höhenangst werde ich nicht verlieren, das Autofahren wird mir verhasst bleiben.

Und niemals werde ich aufhören, das Was-wäre-wenn-
Spiel zu spielen. Es macht mich reich.

Über den Abschied

Dem Anfang soll ja ein Zauber innewohnen; ich muss allerdings zugeben, dass ich Anfänge verwirrend und nervenaufreibend finde. Es ist harte Arbeit, etwas Neues zu beginnen, fremde Orte zu erforschen, seinen Platz zwischen lauter unbekannten Menschen zu finden. Ich kenne niemanden, der einfach so in eine neue Stadt oder eine frische Beziehung tänzelt und alles zauberhaft findet. Wenn ein Anfang bevorsteht, wenn die Familie sich neu sortiert (die Kinder tragen auf einmal ihre Umzugskisten in den Transporter, obwohl sie doch gerade noch auf Hochstühlen Ostereier bemalt haben) oder ein Welpe ins Haus kommt, dann schlafe ich schlecht, bis der Anfang sich ein wenig eingetaktet hat und sich nach und nach die vibrierende Unruhe legt.

Ganz genauso harte Arbeit ist es, Abschied zu nehmen. Beides gehört natürlich zusammen. Denn der Umzug der Kinder ist ihr Abschied von den Eltern; bevor der zottelige Welpe kommt, ist die alte, treue Hündin gestorben; und der neue Stoffladen an der Ecke hat zwar tolles Material, aber ihm musste das kleine Schreibwarengeschäft weichen, wo es die besten Kulis und einen klapprigen Kopierer gab. Jeden neuen Ort tausche ich gegen eine wohlbekannte Welt ein, gegen Wege, die ich im Schlaf finden würde, und gegen eine

Vertrautheit, die sich in mein Herz hineingesenkt hat wie ein kleiner Schrittmacher. Vielen macht das nicht so viel aus. Für sie sind Irritation und Beweglichkeit ein Lebenselixier, ohne das wir den Rest unseres Daseins träge auf dem Sofa hängen würden. Ich möchte das auch so sehen, aber ich hatte keine guten Lehrer in diesem Fach.

Die Menschen um mich herum waren alle immer schon jämmerliche Verabschieder. Entweder sie benahmen sich wie coole Hunde, um ihre Rührung und ihren Kummer zu verbergen, schlugen mir auf die Schulter, wenn ich mich mit einem riesigen Rucksack auf dem Rücken für ein Jahr in ferne Länder verabschiedete, warteten auf keinen Fall am Bahnsteig, bis der Zug abfuhr, und nickten knapp, wenn ich wieder da war. Oder sie schluchzten wie kleine Kinder, sodass ich gleich mitheulen musste und der Abschied sich anfühlte wie eine Trennung auf immer und ewig.

»Ich komme doch wieder«, versuchte ich dann alle Beteiligten zu beruhigen, mich eingeschlossen. »Ja, schon, aber es wird nicht mehr so sein wie jetzt«, weinten sie und winkten mir nach, auch wenn ich schon längst nicht mehr zu sehen war (das weiß ich, weil ich sie bei anderen Abschiedsszenen beobachtete, sie winkten herzzerreißend ins Leere, bis ihnen der Arm schmerzte). Ich beschloss, es niemandem, der mich verlassen würde, so dermaßen schwer zu machen, aber abgebrühte Abschiede gehören eben auch nicht in mein Repertoire.

Eng verwandt mit dem Abschied ist das letzte Mal. Auch dies eine meiner Spezialitäten. Schon als Kind spürte ich eine bittere Wehmut, wenn der Sommer zu Ende ging und wir zum letzten Mal die Dünen hinunterliefen, während der Vater den Citroën belud und die Windschutzscheibe für die lange Rückfahrt sauber wusch. Ich sah mich selbst wie in einem Film, der unaufhaltsam auf seine letzte Einstellung zusteuerte, das Licht so warm und klar, die nackten Füße auf dem festen Schlick, das Meer, das ich bald nicht mehr hören würde. Dass wir nächstes Jahr zurückkehren würden, bedeutete mir gar nichts. Mit so einem schwachen Trost konnte man mir nicht kommen. Nächstes Jahr war unendlich fern, wer weiß, was bis dahin passierte, und wer weiß auch, ob das Meer dann noch da wäre.

Hier hätte die kleine Schule des Abschieds ansetzen müssen. Natürlich wird es da sein, hätte die erste Lektion lauten können. Bilde dir mal nicht zu viel auf deine Anwesenheit ein, kleine Melancholikerin. Das Meer wird da sein, der Sand wird da sein und mit etwas Glück auch du.

Und die zweite Lektion wäre gewesen: Dreh dich um und geh. Es war eine gute Zeit, die dir keiner nehmen wird.

Stattdessen stand ich verzweifelt am Strand, starrte auf die Wellen und versuchte, alles, was ich sah, für immer zu speichern. Zugleich wusste ich, dass es unmöglich war, ich konnte ja noch nicht einmal alles sehen, geschweige denn erinnern. Der Himmel war zu weit und veränderte sich ständig, wie sollte ich mir den Wind merken, der jeden Tag und jede Minute anders klang, und das Meer passte auf kein Foto und in keine Erinnerung. Keiner begriff, was mit mir los war. Ja, die anderen fanden es auch schade, dass wir fahren mussten; sie spielten halt noch eine Runde, klopften sich den Sand aus den Hosen und drängten ins Auto, während ich immer noch wie angewurzelt den letzten Moment auskostete, der nur der vorletzte zu einem weiteren allerletzten war. Und so wäre ich nie dort weggekommen, hätte mich nicht irgendwann jemand gepackt und ins Auto gesetzt.

Einer der feierlichsten Abschiede meines Lebens, abgesehen von denen, die der Tod mit sich bringt, ist schon sehr lange her und spielte sich vor großem Publikum ab. Ich hatte ein Jahr lang in Irland mit Kindern gearbeitet. Alles in diesem Jahr war neu gewesen, die Arbeit, die Liebe, die Landschaft und ich selbst mitten darin. Der irische Regen hatte mein Haar gelockt, die Kinder waren meine Familie geworden, alles hatte sich verändert. Und nun sollte ich zurück in den deutschen Alltag. Ich klammerte mich an die Reling der Fähre, starrte auf den Hafen und versuchte so wie damals als Kind, alles in mir aufzunehmen. Die Motoren der Fähre liefen schon, da fuhr ein großer, weißer Bus quer über den Parkplatz bis direkt zur Absperrung, wo noch die letzten Wagen verladen wurden. Die Türen öffneten sich, und die Kinder, mit denen ich dieses Jahr gelebt hatte, sprangen heraus. Sie hatten selbst gebastelte Fahnen in den Händen, die sie wild durch die Luft schwenkten. Als sie mich entdeckten, wie ich an der Reling fassungslos auf und ab sprang und winkte, schrien und jubelten sie alle gleichzeitig, der Betreuer hupte, und die anderen Reisenden fingen an, auch zu winken, während sich die Fähre allmählich rückwärts von der Hafenmauer löste. Was für ein Abschied. Doch eigentlich ein Fest. Und ein neuer Anfang. Eben alles zugleich, würde die Schule des Abschieds mich lehren. Merk es dir, alte Melancholikerin. Die Reise geht weiter!

Fünf Fragen für ein gutes Leben

»Fünf Fragen reichen aus, um gut durchs Leben zu kommen.« Mit dieser Botschaft verabschiedete James E. Ryan seine Studenten aus Harvard – und inspirierte Millionen von Menschen, die seine Rede im Internet angeschaut haben. Anhand privater Erlebnisse und beruflicher Erfolge entfaltet Ryan die Wirkungsmacht einfacher Fragen wie »Wie jetzt?!«, »Mich wundert, warum ...«, »Könnten wir zumindest ...?«, »Wie kann ich helfen?« und »Was zählt wirklich?«.

Diese fünf einfachen Frageformen helfen, das Wesentliche immer im Auge zu behalten, Diskussionen zu öffnen und Veränderungen auf den Weg zu bringen. Verblüffend, authentisch und berührend ermutigt Ryan in diesem Buch dazu, Fragen wie Schlüssel zu gebrauchen, um persönliche Ziele zu erreichen und die eigenen Ideale zu verwirklichen.

James E. Ryan
Wie jetzt?!
Und andere entscheidende
Fragen des Lebens
gebunden im Schutzumschlag
171 Seiten
ISBN 978-3-407-86507-6

www.beltz.de

Ihre Gesundheit braucht Sie

In jedem von uns steckt die Fähigkeit zur Selbstheilung, aber vielen Menschen ist sie abhandengekommen. Der Arzt, Neurowissenschaftler und Gesundheitsforscher Tobias Esch möchte das ändern und erklärt, wie Selbstheilung funktioniert und wie Sie Ihre Selbstheilungskompetenz stärken können.

Seit vielen Jahren untersucht er, wie selbst chronische Krankheiten – zum Beispiel Diabetes, Asthma oder Rückenschmerzen – durch einen ganzheitlichen Ansatz, der auf den vier Säulen positive Emotionen, Entspannung, Ernährung und Bewegung beruht, gelindert werden. Mithilfe neuester Forschungsergebnisse beschreibt er, welche Faktoren für Gesundheit und Zufriedenheit entscheidend sind und wie Sie zu Wohlbefinden und innerer Stärke finden.

»Der Schlüssel zu IHRER Gesundheit!«
Dr. med. Eckart von Hirschhausen

Prof. Dr. Tobias Esch
Der Selbstheilungscode
Die Neurobiologie von Gesundheit und Zufriedenheit
gebunden im Schutzumschlag
336 Seiten
ISBN 978-3-407-86443-7

www.beltz.de

Familienalltag langsam, achtsam, echt

Überall, wo Kinder in die Welt auf-
brechen, gibt es Alternativen zu einem
Leben, das immer schneller, technischer
und komplizierter wird. In diesem
Buch zeigen Julia Dibbern und Nicola
Schmidt, wie Eltern und Kinder ihre
Bedürfnisse nach Nähe, Natur und
Langsamkeit gemeinsam ausleben
können.

Die beiden Pionierinnen der
Artgerecht-Bewegung haben Wege
zu mehr Entschleunigung und Nach-
haltigkeit im Alltag mit Kindern
gefunden, und zwar jenseits vom
Vereinbarkeitsstress isolierter
Kleinfamilien. Denn Eltern, die
sich gemeinschaftlich organisieren, finden nicht nur Entspannung und
Abwechslung, sondern auch Lösungen für ein ökonomisches System, das
genauso unter Druck steht wie die Mütter und Väter von heute.

*»Ihr backt nicht bloß Sandkuchen, ihr zieht die Erwachsenen von morgen
groß!«* Julia Dibbern & Nicola Schmid

Julia Dibbern
Nicola Schmidt
Slow Family
Sieben Zutaten für ein
einfaches Leben mit Kindern
gebunden, 232 Seiten
ISBN 978-3-407-86426-0

www.beltz.de